高等职业教育"十三五"创新型规划教材

商务与社交礼仪

主　编　张　颖　唐　娇
副主编　陈　畅　徐　佳

北京理工大学出版社
BEIJING INSTITUTE OF TECHNOLOGY PRESS

版权专有　侵权必究

图书在版编目（CIP）数据

商务与社交礼仪/张颖，唐娇主编 .—北京：北京理工大学出版社，2019.8（2019.9 重印）

ISBN 978-7-5682-7422-7

Ⅰ.①商…　Ⅱ.①张…②唐…　Ⅲ.①商务-礼仪-高等学校-教材　Ⅳ.①F718

中国版本图书馆 CIP 数据核字（2019）第 174118 号

出版发行　/　北京理工大学出版社有限责任公司
社　　址　/　北京市海淀区中关村南大街 5 号
邮　　编　/　100081
电　　话　/　（010）68914775（总编室）
　　　　　　（010）82562903（教材售后服务热线）
　　　　　　（010）68948351（其他图书服务热线）
网　　址　/　http：//www.bitpress.com.cn
经　　销　/　全国各地新华书店
印　　刷　/　三河市文通印刷包装有限公司
开　　本　/　710 毫米 × 1000 毫米　1/16
印　　张　/　11　　　　　　　　　　　　　　　　　责任编辑 / 申玉琴
字　　数　/　210 千字　　　　　　　　　　　　　　文案编辑 / 毛慧佳
版　　次　/　2019 年 8 月第 1 版　2019 年 9 月第 3 次印刷　　责任校对 / 周瑞红
定　　价　/　29.80 元　　　　　　　　　　　　　　责任印制 / 施胜娟

图书出现印装质量问题，请拨打售后服务热线，本社负责调换

前　言

古人云：“不学礼，无以立。”礼仪不仅是人们立身处世之本，也是一门待人、处事、交友的学问，是一门实用性和可操作性很强的课程。本教材主要向学生介绍了礼仪学及形象管理的基本理论和专门知识，通过学习和训练，学生可以牢固地树立礼貌意识，具备良好的礼仪素养。

为了有效地达到让学生易学、乐学、好学的目的，本教材力求贴近时代、贴近现实、贴近学生。其特点具体表现在以下几个方面。

（1）设计精心。本教材打破传统的章节形式，均以操作性强的专题形式呈现，结构上精心地设计能让学生在系统而严谨的学习过程中取得最佳的学习效果。

（2）内容丰富。本教材包括商务人士个人形象塑造的知识，也包括商业组织从事内外商务实务的知识，还包括古今中外成功商务活动的知识。既能增强学生的文化底蕴，又能完善学生的知识储备。

（3）案例新颖。本教材选用的案例既有彰显时代特征的与时俱进的典型商务与社交案例，又有商界人士极具代表性的范例。这些新颖的案例既能让学生学习借鉴，又能让学生的视野得到开阔。

（4）学以致用。本教材注重学以致用，不仅注重课堂知识的学习与实际操作相统一，也注重课上知识的学习与课下巩固性练习相统一，既能激发学生学习礼仪的热情和兴趣，又能真正实现学生对礼仪知识的入耳、入脑、入心。

本教材由张颖、唐娇担任主编，陈畅、徐佳担任副主编。张颖负责编写第一部分及第二部分专题一至专题三，唐娇负责编写第二部分专题四至专题六，陈畅、徐佳负责编辑和加工文字。本教材的编写参阅了一些关于传统礼仪、社交礼仪、商务礼仪方面的书籍，在此，向所有作者致以诚挚的谢意。由于学识、能力有限，教材中难免存在不妥和疏漏之处，恳请广大专家和读者批评指正，提出宝贵的意见！

张　颖

目 录

第一部分　商务礼仪

专题一　商务礼仪的认识 …………………………………………（003）

任务一　商务礼仪的基础知识 …………………………………（003）
　一、认识礼仪 ……………………………………………………（003）
　二、认识商务礼仪 ………………………………………………（005）
　三、商务礼仪与传统礼仪的关系 ………………………………（006）
　四、商务礼仪的应用原则 ………………………………………（006）

任务二　商务礼仪的功能 ………………………………………（009）
　一、商务礼仪的功能 ……………………………………………（009）
　二、商务礼仪的规则 ……………………………………………（010）
　三、商务礼仪的社会作用 ………………………………………（010）

任务三　商务礼仪的基本特征 …………………………………（011）
　一、规定性 ………………………………………………………（012）
　二、信用性 ………………………………………………………（012）
　三、时效性 ………………………………………………………（012）
　四、文化性 ………………………………………………………（012）

任务四　商务礼仪的基本原则 …………………………………（013）
　一、尊重原则 ……………………………………………………（013）
　二、真诚原则 ……………………………………………………（013）
　三、适度原则 ……………………………………………………（013）
　四、宽容原则 ……………………………………………………（013）
　五、谦和原则 ……………………………………………………（014）
　六、自律原则 ……………………………………………………（014）

任务五　商务社交礼仪 …………………………………………（014）

一、商务会面礼仪 …………………………………………… (014)
　　二、商务谈话礼仪 …………………………………………… (016)
　　三、商务宴请礼仪 …………………………………………… (018)
　　四、商务馈赠礼仪 …………………………………………… (020)
　　五、商务通信礼仪 …………………………………………… (021)

专题二　商务接待与拜访礼仪 ……………………………………… (025)

任务一　商务接待礼仪 …………………………………………… (025)
　　一、迎接礼仪 ………………………………………………… (025)
　　二、招待礼仪 ………………………………………………… (026)
　　三、送客礼仪 ………………………………………………… (026)

任务二　商务拜访礼仪 …………………………………………… (026)
　　一、办公室拜访礼仪 ………………………………………… (027)
　　二、宾馆拜访礼仪 …………………………………………… (027)
　　三、拜访异性客商礼仪 ……………………………………… (028)
　　四、拜访外商礼仪 …………………………………………… (029)

专题三　商务会议礼仪 ……………………………………………… (031)

任务一　商务会议概述 …………………………………………… (031)
任务二　商务会议参加者礼仪规范 ……………………………… (032)
　　一、主持人礼仪 ……………………………………………… (032)
　　二、会议发言人礼仪 ………………………………………… (032)
　　三、会议参加者礼仪 ………………………………………… (033)

任务三　几种常见的商务会议礼仪 ……………………………… (033)
　　一、展览会礼仪 ……………………………………………… (033)
　　二、展销会礼仪 ……………………………………………… (034)
　　三、洽谈会礼仪 ……………………………………………… (034)

专题四　商务谈判礼仪 ……………………………………………… (037)

任务一　商务谈判过程礼仪 ……………………………………… (037)
　　一、谈判之前 ………………………………………………… (037)
　　二、谈判之始 ………………………………………………… (038)
　　三、谈判之中 ………………………………………………… (038)
　　四、谈后签约 ………………………………………………… (038)

任务二　涉外商务谈判礼仪规范 ………………………………… (039)
　　一、涉外交往中的服饰礼仪 ………………………………… (039)

二、涉外交往中的问候礼仪 ······ (040)
三、涉外交往中的谈吐礼仪 ······ (040)

专题五　商务谈判专题会议礼仪 ······ (043)

任务一　会议场地布置 ······ (043)
一、常见的会议场地类型 ······ (043)
二、如何安排会场座位格局 ······ (044)
三、会场座位格局的常见类型 ······ (045)
四、座区划分与座位排列方法 ······ (046)
五、如何布置主席台 ······ (047)
六、如何进行座位标识 ······ (048)
七、会标的制作与悬挂要求 ······ (049)
八、会徽的悬挂 ······ (050)
九、旗帜的升挂 ······ (050)
十、标语的制作要求 ······ (051)
十一、如何把握会场的整体色彩与色调 ······ (052)
十二、会场灯光的要求 ······ (052)
十三、地毯的铺设原则 ······ (053)
十四、窗帘的选择 ······ (053)
十五、会场中的花卉布置 ······ (054)
十六、工艺品分类及其陈设原则 ······ (055)
十七、门厅、入口大厅和过厅的布置艺术 ······ (055)

任务二　常见会议的礼仪 ······ (056)
一、一般会议过程礼仪 ······ (056)
二、听证会 ······ (060)
三、报告会 ······ (061)
四、办公会 ······ (062)
五、学术研讨会 ······ (063)
六、新闻发布会 ······ (064)
七、座谈会 ······ (067)
八、展览会 ······ (067)
九、赞助会 ······ (070)
十、茶话会 ······ (073)
十一、远程会议 ······ (076)

任务三　常见会议仪式礼仪 ······ (078)

一、开幕式与闭幕式 ……………………………………………（078）
二、开工与揭幕仪式 ……………………………………………（080）
三、开业仪式 ……………………………………………………（081）
四、庆典仪式 ……………………………………………………（083）
五、剪彩仪式 ……………………………………………………（084）
六、签字仪式 ……………………………………………………（087）
七、交接仪式 ……………………………………………………（090）

第二部分　公共社交礼仪

专题一　公共社交礼仪概述 ……………………………………（095）
任务一　公共社交礼仪的含义 …………………………………（095）
任务二　公共社交礼仪的作用 …………………………………（096）

专题二　日常个人礼仪 …………………………………………（097）
任务一　仪容礼仪 ………………………………………………（097）
一、仪容整洁礼仪 ………………………………………………（097）
二、化妆礼仪 ……………………………………………………（098）
任务二　仪态礼仪 ………………………………………………（099）
一、站姿 …………………………………………………………（099）
二、行姿 …………………………………………………………（099）
三、坐姿 …………………………………………………………（100）
四、表情仪态 ……………………………………………………（100）
五、手势仪态 ……………………………………………………（101）
任务三　着装与服饰礼仪 ………………………………………（101）
一、西装 …………………………………………………………（101）
二、中山装和旗袍 ………………………………………………（102）
三、牛仔装 ………………………………………………………（102）
四、风衣 …………………………………………………………（103）
五、男士服饰礼仪 ………………………………………………（103）
六、女士服饰礼仪 ………………………………………………（104）
任务四　站姿与行姿礼仪 ………………………………………（105）
一、基本站姿 ……………………………………………………（106）
二、服务人员的常用站姿 ………………………………………（107）

三、应避免的不良站姿 …………………………………… (107)
　　四、行姿的基本要求 ……………………………………… (109)
　　五、陪同引导时的行姿 …………………………………… (110)
　　六、变向行走的规范 ……………………………………… (110)
　任务五　蹲姿与坐姿礼仪 …………………………………… (111)
　　一、蹲姿的适用情况 ……………………………………… (111)
　　二、得体的蹲姿 …………………………………………… (112)
　　三、标准的蹲姿 …………………………………………… (112)
　　四、入座的礼节 …………………………………………… (113)
　　五、坐下时上身的姿势规范 ……………………………… (114)
　　六、坐下时下肢的姿势规范 ……………………………… (115)
　　七、端庄的坐姿 …………………………………………… (115)
　　八、离座的礼节 …………………………………………… (117)

专题三　介绍礼仪 …………………………………………… (119)

　任务一　介绍 ………………………………………………… (119)
　　一、自我介绍 ……………………………………………… (119)
　　二、介绍他人 ……………………………………………… (120)
　　三、介绍集体 ……………………………………………… (122)
　　四、介绍后如何记住他人姓名 …………………………… (122)
　任务二　名片 ………………………………………………… (123)
　　一、交换名片的时机 ……………………………………… (123)
　　二、如何索要名片 ………………………………………… (124)
　　三、递送名片的礼节 ……………………………………… (124)
　　四、接收名片的礼节 ……………………………………… (125)
　　五、如何存放名片 ………………………………………… (126)
　任务三　告别 ………………………………………………… (126)
　　一、告别的礼节 …………………………………………… (127)
　　二、得体的告辞技巧 ……………………………………… (127)
　　三、送客的礼节 …………………………………………… (128)

专题四　公共场所礼仪 ……………………………………… (131)

　任务一　公共活动场所礼仪 ………………………………… (131)
　　一、餐厅 …………………………………………………… (131)
　　二、博物馆与画廊 ………………………………………… (132)

三、乘电梯 …………………………………………………………（132）
　　　四、商场购物 ………………………………………………………（133）
　　　五、公共浴场 ………………………………………………………（133）
　　　六、公共洗手间 ……………………………………………………（134）
　任务二　公共娱乐场所礼仪 ………………………………………………（134）
　　　一、公园 ……………………………………………………………（134）
　　　二、旅游观光区 ……………………………………………………（134）
　　　三、剧院 ……………………………………………………………（135）
　　　四、音乐厅 …………………………………………………………（136）
　　　五、电影院 …………………………………………………………（136）
　　　六、歌舞厅 …………………………………………………………（137）
　任务三　医院礼仪 …………………………………………………………（137）
　　　一、探病礼仪 ………………………………………………………（137）
　　　二、看病礼仪 ………………………………………………………（138）
　　　三、医院服务礼仪 …………………………………………………（138）

专题五　交通礼仪 …………………………………………………………（141）

　任务一　出行礼仪 …………………………………………………………（141）
　　　一、行路礼仪 ………………………………………………………（141）
　　　二、骑自行车礼仪 …………………………………………………（142）
　任务二　乘公共交通工具礼仪 ……………………………………………（142）
　　　一、乘公共汽车礼仪 ………………………………………………（142）
　　　二、乘火车礼仪 ……………………………………………………（143）
　　　三、乘轮船礼仪 ……………………………………………………（144）
　　　四、乘飞机礼仪 ……………………………………………………（144）
　　　五、乘坐其他公共交通工具的礼仪 ………………………………（145）

专题六　馈赠 ………………………………………………………………（147）

　任务一　礼品的选择与赠送 ………………………………………………（147）
　　　一、礼品的选择 ……………………………………………………（147）
　　　二、常见的馈赠时机 ………………………………………………（148）
　　　三、馈赠的方式 ……………………………………………………（149）
　　　四、结婚馈赠 ………………………………………………………（149）
　　　五、生子馈赠 ………………………………………………………（150）
　　　六、探病馈赠 ………………………………………………………（150）

七、如何赠送果品 ……………………………………………（151）
　八、子女给父母赠送礼品 ……………………………………（151）
　九、晚辈如何给长辈赠送礼品 ………………………………（152）
　十、平辈亲友间如何赠送礼品 ………………………………（152）
　十一、长辈如何给晚辈赠送礼品 ……………………………（153）
　十二、夫妻如何相互赠送礼品 ………………………………（153）
　十三、如何给外国人赠送礼品 ………………………………（153）
任务二　馈赠的注意事项 ………………………………………（154）
　一、礼品包装的注意事项 ……………………………………（155）
　二、公开场合赠送礼品的注意事项 …………………………（155）
　三、上门送礼的注意事项 ……………………………………（155）
　四、国内送礼的避讳与禁忌 …………………………………（156）

参考文献 ………………………………………………………（161）

第一部分

商务礼仪

专题一

商务礼仪的认识

任务一　商务礼仪的基础知识

一、认识礼仪

（一）礼仪的内涵

礼仪是指人们在社会交往活动中由于受历史传统、风俗习惯、宗教信仰、时代潮流等因素影响而形成的，既为人们所认同，又为人们所遵守的，以建立和谐关系为目的的各种符合交往要求的行为准则与规范的总和。简言之，礼仪就是人们在社会交往活动中应共同遵守的行为准则与规范。

礼仪是一种行为规范，它能使人们的生活更有秩序，使人际关系更为和谐，它在现代社会的许多方面中都发挥着重要的作用。

从个人修养的角度来看，礼仪是一个人内在修养和素质的外在表现。

从团体的角度来看，礼仪是企业文化、企业精神的重要内容，是企业形象的主要附着点。

从交际的角度来看，礼仪是人际交往中适用的一种艺术、一种交际方式或一种交际方法。

从传播的角度来看，礼仪是在人际交往中进行相互沟通的技巧。

礼仪大致分为政务礼仪、商务礼仪、服务礼仪、社交礼仪、涉外礼仪五大分支，各分支的内容都是相互交融的，大部分礼仪内容都大体相同。从个人角度来看，礼仪的主要功能包括：有助于提高人们的自身修养；有助于美化自身、美化生活；有助于促进人们的社会交往，改善人际关系；还有助于净化社会风气。

（二）礼仪的原则

（1）遵守的原则——自觉、自愿。

(2) 自律的原则——自我要求、自我控制、自我对照、自我反省。

(3) 敬人的原则——将对交往对象的重视、恭敬、友好放在第一位。

(4) 宽容的原则——理解对方，尊重对方的选择。

(5) 平等的原则——以礼相待，一视同仁。

(6) 从俗的原则——入国问禁、入乡随俗、入门问讳。

(7) 真诚的原则——诚心诚意、诚实无欺、言行一致、表里如一。

(8) 适度的原则——认真得体、把握分寸、恰如其分、恰到好处。

(9) 沟通的原则——接触、了解、沟通、互动。

(10) 互动的原则——换位思考、善解人意；在交往过程中应以对方为中心。

（三）礼仪知识

(1) 孔子是我国历史上著名的礼仪学家之一。

(2) 我国享有"礼仪之邦"的美誉。

(3) 礼仪中最美的笑容是嫣然一笑。

(4) 在我国，比商务活动约定的时间提前两三分钟到达约定地点较好。

(5) 握手是世界上最为普遍的一种表达祝贺、安慰、鼓励等感情的礼节。

(6) 支配式握手也称"控制式握手"；美国人称双握式握手为政客式握手；在众多人握手时，勿交叉握手。

(7) 行礼者距受礼者2米左右开始行礼；行礼时身体上部向前倾斜15°~90°。

(8) 交谈礼仪是指人们在交谈活动中应遵循的礼节和应讲究的仪态等。

(9) 恩格斯曾经说过，"幽默"是具有智慧教养和道德优越感的表现。

(10) "听"可分为"泛听"和"聆听"两种。

(11) 中国古代就有《周礼》《仪礼》《礼记》等礼仪专著。

(12) 《礼记》是我国一部重要的礼仪学古典专著。

礼仪故事

千里送鹅毛

"千里送鹅毛"的故事发生在唐朝。当时，云南一位少数民族的首领为表达对皇帝的拥戴，派特使缅伯高向唐太宗献天鹅。路过沔阳湖时，好心的缅伯高把天鹅从笼子里放出来，想给它洗个澡。不料，天鹅展翅飞向高空。缅伯高忙伸手去抓，只扯下来几根鹅毛。缅伯高急得捶胸顿足、号啕大哭。随从们劝他说："已经飞走了，哭也没有用，还是想想补救的方法吧。"缅伯高一想，也只能如此了。到了长安，缅伯高拜见唐太宗，并献上礼物。唐太宗见是一个精致的绸缎小包，便令人打开，一看是几根天鹅毛和一首小诗。诗曰："天鹅贡唐朝，山高路途遥。沔阳湖失宝,倒地哭号号。上复圣天子,可饶缅伯高。礼轻情意重,千里送鹅毛。"唐太宗感到莫名其妙,缅伯高随即讲出事情原委。唐太宗连声说:"难能可贵!难能可贵!千里送鹅毛,礼轻情意重!"现在,人们用"千里送鹅毛"来比喻虽然送出的礼物单薄,但情意却异常深厚。

二、认识商务礼仪

(一) 商务礼仪的内涵

商务礼仪是商务人员在商务活动中,为了塑造个人和企业的良好形象而应当遵循的,对交往对象表示尊敬与友好的规范或程序,是一般礼仪在商务活动中的运用和体现。商务礼仪是在商务交往中应该遵守的交往艺术,是衡量个人素质、企业形象乃至国家文明的重要标准。商务礼仪是在商务活动中体现相互尊重的行为准则,它是在商务活动中对人的仪容仪表和言谈举止的普遍要求。商务礼仪的核心是一种行为准则,用来约束我们在日常商务活动的方方面面。

(二) 商务礼仪的特征

1. 注重信用

从事商务活动的双方,都有利益上的需求,而不是单方面存在利益的需求,因此,在商务活动中,诚实、守信就显得非常重要。所谓诚实,即诚心诚意参加商务活动,力求双方能够达成协议,而不是夸夸其谈、不着边际、毫无诚意;所谓守信,就是言必信,行必果。

2. 注重时效

商务活动的时效性很强,如果时过境迁,就会失去良机。在商务活动中,如果说话做事恰到好处,问题就会迎刃而解。

3. 注重文化

商务人员要展现出文明礼貌、谈吐优雅、举止大方的形象,就必须不断提高自身的文化素养,树立文明的企业形象,在商务活动中表现得文明典雅、有礼有节。

(三) 商务礼仪的目的

1. 提升个人的素养

比尔·盖茨提到过"企业竞争是员工素质的竞争",商务礼仪的应用可以提升员工的个人素养和素质。

2. 方便个人交往应酬

在商务交往中会遇到不同的人，而与不同的人进行交往是要讲究艺术的。

3. 维护企业形象

在商务交往中，个人代表集体，个人形象代表企业形象，个人的所作所为也会对企业形象产生一定的影响。

三、商务礼仪与传统礼仪的关系

（一）商务礼仪与传统礼仪的联系

1. 行为性

商务礼仪与传统礼仪都是与人交往的行为艺术。

2. 作用性

商务礼仪与传统礼仪都能够为自己树立良好的形象发挥重要作用。

3. 目的性

商务礼仪与传统礼仪的应用都是为了获得对方的尊重与信任。

（二）商务礼仪与传统礼仪的区别

1. 规范化

商务礼仪的应用比传统礼仪更为规范。

2. 覆盖性

商务礼仪的性质与具体功能更被现代社会的商务人员认可。

3. 适用性

传统礼仪只是表面的行为模式，而商务礼仪则是根据不同的商务场合对不同的行为模式进行了规范。

四、商务礼仪的应用原则

从事各种商业活动，具体应用商务礼仪时，应遵守以下基本原则。

（一）平等原则

现代商务礼仪中的平等原则是指要以礼待人，既不能盛气凌人，也不能卑躬屈膝。平等原则是现代商务礼仪的基础，是现代商务礼仪区别于以往礼仪的最主要的原则，也是商务礼仪最根本的原则。但是，平等是相对的，不是绝对的。由于现实生活中，人们之间存在经济条件、社会地位、长幼尊卑、男女性别等方面的差异，这些差异反映到礼仪上来，必然产生形式上的某种差异。

（二）互尊原则

商务礼仪，实质上体现的就是尊重他人。尊重他人是建立友谊、加深交往、发展关系的前提。商务礼仪中的尊重原则是指致礼、施仪时要体现出对他人真诚的尊重，而不能藐视他人。礼仪本身从内容到形式都是尊重他人的具体体现。古人云："敬人者，人恒敬之。"在人际交往，尤其是商务交往中，只有相互尊重，人与人之间的关系才会融洽、和谐。

心理学家马斯洛认为，人们对尊重的需要分为两类，即自尊和来自他人的尊重。自尊包括对获得信心、能力、本领、成就、独立和自由等的愿望；来自他人的尊重包括这样一些概念：威望、承认、接受、关心、地位、名誉、赏识。一个拥有足够自尊的人总是更有信心、更有能力，也更有效率，自然也包括对自己在社会上所扮演的角色的正确认识，否则很可能会为了满足自己的自尊而造成对别人的不尊重。商务礼仪讲究互尊原则，即相互尊敬、坦诚、谦恭、和善及得体，这样才能满足每个人的自尊心理。

与他人交往，不论对方职务高低、身份如何、相貌怎样、才能大小，只要与之打交道，首先就应尊重其人格，做到礼遇适当、寒暄热情、赞美得体、话题投机；让他人感到自己是受欢迎和有地位的，从而为得到一种心理上的满足而感到心情愉悦，这样才能深入沟通，建立感情，达到交往的目的。

想要在与他人的交往中通过礼仪的形式体现出对对方的尊重，就应从以下三个方面做起。

1. 与他人交往，态度要热情而真诚

热情的态度意味着对他人的接纳，会给人留下受欢迎、受重视、受尊重的印象，这是礼仪的初衷和主旨。待人一定要真诚，真诚是人与人沟通的基础；是打开社会交往之门的金钥匙；是尊重他人的真挚情感的自然流露。

2. 要给他人留面子

所谓面子，即自尊。每个人都有自尊，自尊对一个人而言是十分重要的。失去自尊，对一个人来说，是一件非常痛苦、难以容忍的事情。所以，伤害他人的自尊是严重失礼的行为，如果是故意而为之，就更不道德了。维护自尊，希望得到他人的尊重，是人的基本需要之一。所以，与人交往，一定要避免可能伤害他人自尊的行为。

3. 允许他人表达思想，表现自己

每个人都有表达自己的思想、表现自身的欲望。社会的发展为人们发扬个性

提供了更为广阔的空间。丰富的个性色彩与多元化思维共存,是现代社会的一个基本特征。因此,现代礼仪中的互尊原则,要求人们必须学会彼此宽容,尊重他人的思想观点和个性。

(三) 诚信原则

诚信是指遵时守信,"言必信,行必果"。诚信在人际交往中是非常重要的。在商务活动中,赢得他人的信任,更有利于自己的成功。在社交过程中,有两点需要特别注意:一是要守时,与他人约定时间的约会、会见、会谈、会议等,绝不能拖延,也绝不能迟到;二是要守约,即与人签订的协议、约定和口头答应的事,要说到做到,不能言而无信。所以,在社交过程中,如果没有十足的把握就不要轻易许诺,许诺他人却做不到,反而会得到不守信的恶名,从此失信于人。

(四) 宽容原则

宽容原则是指宽以待人,不过分计较在对方礼仪方面的不当之处。严于律己、宽以待人,是为人处世的最高境界,也是具备较高修养的表现。中国传统文化历来重视并提倡宽容的道德原则,并把宽以待人视为一种为人处世的基本美德。在现代社会中,从事商务活动,要求商务人员宽以待人,在人际关系纠纷问题上保持豁达大度的态度。

(五) 谦和原则

谦和是一种美德,更是社交成功的重要条件。谦和,在社交上表现为平易近人、热情大方、善于与人相处、乐于听取他人的意见等,具有较强的吸引力和调整人际关系的能力。我们强调的谦和并不是指过分的谦和、无原则地妥协和退让,更不是妄自菲薄。

(六) 适度原则

适度原则是指在社交过程中必须在熟悉礼仪准则规范的基础上,注意各种情况下自己与他人之间的距离,把握与特定环境相适应的人们彼此间的感情尺度、行为尺度和言谈尺度,以建立和保持健康、良好、持久的人际关系。

在社交过程中,沟通和理解是建立良好人际关系的重要条件,如果不善于把握沟通时的感情尺度,即人际交往缺乏适度的距离,结果会适得其反。只有把握好沟通时的感情尺度,才能真正赢得对方的尊重,达到沟通的目的。总之,掌握了适度原则,在人际交往和商务活动中,就有可能成为待人诚恳、彬彬有礼之人,并受到别人的尊重。

任务二　商务礼仪的功能

一、商务礼仪的功能

礼仪是在人际交往中产生的，它影响着人类社会的方方面面，商务礼仪之所以被提倡，之所以受到社会各界的普遍重视，主要是因为它具有多种重要功能。商务礼仪是实现文明交往的纽带，是创造良好社会风气和保障社会生活、生产正常进行的基本条件之一。商务礼仪有塑造形象、沟通和协调三个功能。

（一）塑造形象功能

商务礼仪的基本目的就是树立和塑造企业及个人的良好形象。在商务活动中，企业的各个部门员工的行为，随时都在表现着企业的经营思想和管理水平；表现着个人的文化素养和职业道德。因此，必须加强礼仪修养，提高人们对礼仪的认识。在商务活动中，讲究礼仪，灵活得体地运用商务礼仪，就会使企业和个人在公众心目中获得良好的评价，树立起优秀的社会形象，赢得公众的信任和支持，促进企业和个人信用的提高。

（二）沟通功能

商务活动是双向交往活动，交往成功与否，主要看双方能否融洽地沟通，或者说能否得到对方的信任、好感和尊重。由于立场不同，观点不同，人们对同一问题会有各自不同的理解和看法，这就使交往双方的沟通可能变得困难，若交往过程中无法沟通，不仅交往的目的不能够达到，有时还会导致误解，给企业造成严重的负面影响。

企业面对的是各种各样的公众，既有客户、厂家，也有上级、社区领导，还有各个管理部门，与他们保持融洽的关系，才能保证企业健康、高效地运营，获得较高的效益。优秀的企业家都会把妥善处理各种关系当作自己的重要工作内容，使自己在艰难困苦中，能够左右逢源；在错综复杂的环境中，能够游刃有余。商务礼仪是人们交往的润滑剂，是人们和谐相处的纽带。

（三）协调功能

在频繁的商贸活动、商务谈判中，难免会出现各种误解或纠纷，如果处理不当，不仅会影响企业的信誉和形象，还可能会给其造成经济上的损失。商务礼仪能化解矛盾、消除分歧。

二、商务礼仪的规则

商务礼仪的规则是指商务往来中,双方要共同遵守的最基本的原则之一,它既是对商务礼仪的高度概括,也是在商务活动中应遵循的基本准则。商务礼仪的规则有以下六个。

(1) 维护形象、不卑不亢。
(2) 热情有度、谦虚适当。
(3) 尊重理解、信守约定。
(4) 平等互利、依法办事。
(5) 女士优先、以右为尊。
(6) 静观其变、注重环保。

三、商务礼仪的社会作用

孔子说:"君子博学于文,约之以礼。"商务礼仪不仅是商务活动取得成功的重要手段,而且已经逐渐渗透到社会经济生活中的各个方面,对构建和谐文明社会起到了重大作用。商务礼仪的社会作用表现在以下五个方面。

(一) 有助于塑造良好的公众形象

所谓形象,就是交往双方在对方心目中形成的综合化、系统化的形象。形象是十分重要的,它的形成大多数是通过礼仪来传递的,并且直接影响着交往双方能否融洽地相处以及交往的成败。不仅如此,个体或企业,想要扩大知名度、提升美誉度就要在全社会公众面前树立最佳形象,而与社会公众交往的礼仪形象是获得成功的重要途径。如果人人都具有良好的礼仪意识,人人都能够身体力行,那么商务礼仪对于塑造良好的公众形象和推动社会文明的教化作用就显而易见了。

(二) 有助于培养人们良好的道德品质

讲究礼仪既是人际交往中增进友谊、联络感情的行为,也是一个人公共道德修养的外在表现。一个严于律己、宽以待人的人,往往也从待人接物、仪表仪态、气质风度、谈吐教养等行为举止的各个方面表现出高尚的礼仪,这是其所具备的高尚道德和文化素养的反映。物质文明建设需要文明知礼的生活环境,要求人们有道德、有修养、有文化、有学识,懂得遵守并维护社会公德。因此,我们每个人都要加强自身的道德修养,遵守社会公德,用礼仪、礼节、礼貌来造就良好的社会秩序和社会风气,用礼仪文化促进社会文明的发展。

（三）有助于社会风气的净化和美化

礼仪能陶冶人们的情操，规范社会成员的行为。礼仪不仅能反映出社会的精神风貌和文明程度，还可以形成一种具有约束功能的道德力量。每个人都应将自己的言行举止纳入符合社会期望和时代要求的礼仪轨道，并按照社会需要和社会效益来调整自己的言行，抛弃有碍于社会文明和民族文明的陋习，选择适合于社会风尚的言行。如果一个人不把自己的本性加以规范、约束，不讲究礼仪，无视社会文明，便是一种失礼的表现。

（四）有助于提高人们的修养，规范人们的行为

礼仪是构成社会主义精神文明的基本要素。加强社会主义精神文明建设，不可不重视礼仪教育。礼仪教育可以提高人们的修养，规范人们的行为，使人们有礼貌、讲卫生、自觉遵守公共秩序和劳动纪律，形成待人以礼、助人为乐的社会风气。

（五）有助于对外开放，加强国际交往

尊重国际礼仪和交际礼仪，尊重各国人民的风俗习惯，是我国对外活动的一贯做法。它反映了我国维护世界和平、加强国际友好合作的真诚愿望。在国际交往中，除了正规的官方交往之外，民间交往也日益增多。这既是我国进一步加强对外开放的成果，也是国际市场走向一体化的必然选择。

国际经济多元化新格局的形成，使得各国经济的发展面临着日益激烈的国际竞争。这对我国来说，既是机遇，又是挑战。在这种情况下，涉外礼仪需要被越来越多地研究和使用，以便更好地为我国的对外开放方针政策服务，为我国对外商务活动和外事工作服务，在我国经济与国际市场接轨、增强国际竞争力中发挥作用。

在国际交往活动中，既有到我国来旅游、访问、工作和经商的外国人，也有前往世界各地留学、探亲、访问、考察和经商的中国人，这就要求我们既要继承和发展我国优良的礼仪传统，保持礼节与礼仪的民族特色，又要吸收外国礼仪中一些好的东西和一系列国际通行的惯例；既要不断创新，又要尊重各国因不同的文化传统和道德规范而形成的风俗习惯，要求自己的言谈举止、待人接物合乎礼仪，注重礼仪的实效，以便在实践中取得良好的效果。

任务三　商务礼仪的基本特征

在各种商务活动中，商务礼仪具有以下四个基本特征：规定性、信用性、时

效性和文化性。

一、规定性

从范围看,商务礼仪具有规定性。商务礼仪可以协调组织与人们之间的行为,因而它适用的范围是组织活动与人际交往活动。商务礼仪不同于一般的社交礼仪,它的适用范围包括从事商品流通的各种商务活动,凡不参与商品流通的商务活动,都不适合应用商务礼仪。

二、信用性

从内涵看,商务礼仪具有信用性。商务活动具有双方利益上的需求,而不是单方面的利益需求。因此,在商务活动中,诚实守信非常重要。所谓诚实即诚心诚意参加商务活动,力求达成协议,而不是夸夸其谈,不着边际,毫无诚意;所谓守信,就是言必信,行必果。签约之后,一定履行。即使发生意外,不能如期履行,也应给对方一个满意的结果来弥补自己的过失,而不能言而无信,决而不行。

三、时效性

从行为看,商务礼仪具有时效性。商务活动的时效性很强,有时事过境迁,就会失去良机;有时在商务活动中,说话做事恰到好处,问题就会迎刃而解;有时商务人员固执、不肯让步,对方也可能被拖垮,从而失去了一次成功的机会。

四、文化性

从性质看,商务礼仪具有文化性。商务活动虽然是一种经济活动,但是商务礼仪却体现的是文化涵养。企业展示自身形象,商务人员展现文明礼貌、谈吐优雅、举止大方的个人形象,必须建立良好的企业文化以及不断提高个人文化素质,树立文明的企业形象,在商务活动中表现出文明典雅、有礼有节的素养。

任务四　商务礼仪的基本原则

一、尊重原则

尊重是礼仪的情感基础。在我们的社会中，人与人是平等的，无论职务高低、年龄长幼还是民族都没有高低贵贱之分。尊重长辈，尊重领导，关心客户，这不但不是自我贬低的行为，反而是一种至高无上的礼仪，说明一个人具有良好的个人素质。只有相互尊重，才能建立、维持和谐的人际关系，才能给事业上的合作奠定良好的基础。

二、真诚原则

真诚是为人之本，也是商务人员的立业之道。商务活动并非短期行为，从事商务活动，讲究礼仪，越来越注重其长远利益，只有恪守真诚原则，着眼于未来，经过长期潜移默化的影响，才能获得最终的利益。对于企业和商务人员来讲，良好的社会关系是使其在商务活动中立于不败之地的一项重要资本。

三、适度原则

人际交往中要注意各种不同情况下的社交距离，也就是要善于把握住沟通时的感情尺度。在人际交往中，沟通和理解是建立良好人际关系的重要条件，但如果不善于把握沟通时的感情尺度，即人际交往缺乏适度的距离，结果会适得其反。

四、宽容原则

从事商务活动，也要求宽以待人，在人际纷争问题上保持豁达大度的品格或态度。在商务活动中，出于各自的立场和利益，难免出现冲突和误解。遵循宽容原则，凡事想开一点，目光放远一点，善解人意、体谅他人，才能正确对待和处理好各种人际关系与纷争，争取到更长远的利益。

五、谦和原则

谦和，在商务活动中表现为一个人可以平易近人、热情大方、善于与人相处、乐于听取他人的意见，表现出虚怀若谷的胸襟，因而对周围的人产生很强的吸引力，有着较强的调整人际关系的能力。

六、自律原则

商务礼仪由对待个人的要求和对待他人的做法两部分组成。对待个人的要求即自律，是商务礼仪的基础和出发点。学习和应用商务礼仪，最重要的就是要自我要求、自我约束、自我控制、自我对照、自我反省。

在商务活动中离不开和各种各样的人打交道，"不失足于人，不失色于人，不失口于人"，这是古训。在商务活动中，如果掌握了商务礼仪规范，就会树立起道德信念和行为规范，并以此来约束自身行为，在商务活动中就会自觉地按照礼仪规范去办事。

总之，掌握并执行商务礼仪的基本原则，在人际交往和商务活动中，就有可能成为待人诚恳、彬彬有礼之人，并受到别人的尊敬。

任务五　商务社交礼仪

商务人员在参加各种商务活动时，一言一行都关系着自己的体面。他们的表现是否符合社交礼仪的规范，将会直接影响到单位的形象和交际的效果。具有良好的商务社交礼仪与风度的商务人员，在任何交际应酬场合都将受到他人的欢迎。

一、商务会面礼仪

商务交往中，会面时的礼仪是要讲究的，特别是第一印象非常重要。根据常规，在商务活动中所应遵守的会面礼仪，主要涉及介绍礼仪、使用名片礼仪、握手礼仪等三方面内容。

（一）介绍礼仪

1. 称呼礼仪

称呼，也叫称谓，是对亲属、朋友、同事或其他有关人员所采用的称谓语。

商务活动中称呼的基本作用是要表现出尊敬他人、亲切和文雅的意味，使双方沟通顺畅，感情融洽。恰当使用称呼礼仪，可以缩短彼此之间的距离。

2. 自我介绍礼仪

进行自我介绍，要简洁、清晰、充满自信，态度要自然、亲切、随和，语速要不快不慢，目光正视对方。在社交场合或进行工作联系时，自我介绍应选择适当的时机，当对方无兴趣、无要求、心情不好或正在休息、用餐、忙于处理事务时，切忌去打扰，以免尴尬。

（二）使用名片礼仪

商务人员在各种场合与他人进行交际应酬时，都离不开名片的使用。而名片的使用方法是否正确，已成为影响人际交往成功与否的因素之一。

名片的使用一般涉及三个方面：第一，索取；第二，接收；第三，如何递送自己的名片。索取名片，除非非常必要，万不得已，否则最好不要主动索要。接收他人的名片时，一要有来有往，自己没有名片时要给对方一个交代；二是接收他人的名片后要看下名字和职务。递送名片时态度要谦恭，要用两只手拿着名片上方，起身递给他人；顺序要由尊到卑，由近而远；在圆桌上要按顺时针方向传递名片。

（三）握手礼仪

握手，是商务活动的一个重要组成部分。握手的力度、姿势和时间的长短往往能够表达出对握手对象的不同礼遇和态度，显露自己的个性，给人留下不同的印象。也可以通过握手了解对方的个性，从而赢得交际的主动性。

在商务活动中，握手时，一定要注视对方的眼睛，传达出你的诚意和自信，千万不要一边握手一边在东张西望，这样对方从你眼神里感受到的只能是轻视或慌乱。那么，是不是注视他人眼睛的时间越长越好呢？并非如此，整个握手过程只要几秒钟即可，当双方手松开时，目光即可转移到别处。

如果要表示自己的真诚和热情，也可延长握手时间，并上下摇动几下。作为企业代表，在洽谈过程中与对方握手时，一般不要用双手抓住对方的手上下摇动，那样显得太恭谦，无形中使自己的地位降低了，完全失去了风度。

握手的力度要掌握好，握得太轻了，对方会觉得你在敷衍他；太重了，对方不但没感到你的热情，反而会觉得你行为粗鲁。女士尤其不要把手软绵绵地递过去，显得不情愿握手的样子，既要握手，就应大大方方地伸出手去握。

值得一提的是，在通常情况下，一般要用右手与他人握手，除非你右手残疾或受伤了，那不妨和对方声明一下。如果你是左撇子，握手时也一定要用右手。

二、商务谈话礼仪

在商务活动中,对商务人员的口才有很高的要求。商务人员不一定要伶牙俐齿、妙语连珠,但必须具有良好的逻辑思维能力、清晰的语言表达能力,同时在商务谈话中保持自己应有的风度,始终以礼待人。商务谈话是商务谈判的活动重心。在圆满的商务活动中,遵守商务谈话礼仪具有十分重要的意义。

遵守商务谈话礼仪,是顺利进行商务活动的"润滑剂"。

(一)商务交谈的原则

1. 尊重他人

谈话是一门艺术,谈话者的语气和态度极为重要。有人谈起话来滔滔不绝,容不得别人插嘴,把别人都当成了自己的学生;有人为显示自己的伶牙俐齿,总是喜欢用夸张的语气来进行谈话,甚至危言耸听;有人以自我为中心,完全不顾他人的喜怒哀乐。这些人因为不懂得尊重他人,所以留给他人的印象只能是傲慢、放肆、自私。

2. 举止得体

以适当的动作加重谈话的语气是必要的,但某些不尊重他人的举动,如揉眼睛、伸懒腰、挖耳朵、摆弄手指、活动手腕、用手指向他人的鼻尖、双手插在衣兜里、看手表、玩弄纽扣、抱着膝盖摇晃等小动作都不应当出现。这些行为都会使他人感到你心不在焉、傲慢无礼。

谈话时的目光的角度与体态是颇有讲究的:谈话时目光应保持平视,仰视显得谦卑,俯视显得傲慢,均应避免。谈话中应用轻松柔和的眼神注视对方的眼睛,不要直愣愣地盯着对方。

3. 谈吐文明

谈话中的一些细节,也应当体现对他人的尊重。如果想要使用外语或方言,需要顾及谈话对象以及在场的其他人的接受度。假如有人听不懂,就最好别用外语或方言,不然就会使他人感到你是故意卖弄学问或有意不让他们听懂。与许多人一起谈话,不要突然和其中的某一个人窃窃私语,凑到他人耳边小声说话更不允许。如果确有必要提醒他注意脸上的饭粒或松开的裤子拉链,那就应该请他到一边去谈。

当谈话参与者超过三人时,应不时同每个人都谈上几句。尤其需要注意的是,同女士谈话要礼貌而谨慎,不要在许多人交谈时,同其中的某位女士一见如故、谈论不休。

4. 温文尔雅

有人谈话时得理不饶人,天生喜欢抬杠;有人则专好打破砂锅问到底,这样做都是失礼的。在谈话时要温文尔雅,不要恶语伤人、讽刺谩骂、高声辩论、纠缠不休。在这种情况下即使你在言语上占了上风,也得不偿失。

5. 以礼待人

在谈话时,以礼待人、善解人意是很重要的。一个人在谈话中,如果对待上级或下级、长辈或晚辈、男士或女士、外国人或本国人,都能够一视同仁,给予他们同等的尊重,就能称得上是一个有教养的人。

6. 善于聆听

人们在谈话中不可能总处于"说"的位置上,只有善于聆听,才能真正做到有效的双向交流。

听他人谈话时要全神贯注,不可东张西望,或露出不耐烦的表情;要让他人把话讲完,不要在他人讲得正起劲的时候,突然去打断。

在聆听中积极反馈是很有必要的,适当地点头、微笑或简单重复一下对方谈话的要点,是令双方都能感到愉快的事情,适当地赞美他人也是必要的。

(二) 商务谈话的仪态

在商务谈话过程中,要讲究仪态。因为谈话时若伴着各种面部表情、神态和手势,往往可以更直观地交流感情,更好地表达思想,给人印象深刻,从而使谈话的效果更好。

1. 形体语言

全世界的人都借助示意动作,有效地进行交流。了解那些示意动作,至少你可以辨别什么是粗俗的示意动作、什么是得体的示意动作,这可以使你在遇到无声的交流时,更加善于观察,更加容易避免误解的产生。

(1) 目光(用眼睛说话)。

在商务活动中,用眼睛看着对方脸上的三角区域。这个三角区域指的是以双眼为底,上顶角到前额。洽谈业务时,如果你看着对方脸上的这个区域,会显得很严肃认真,对方就会感受到你的诚意。

(2) 微笑。

微笑可以表现出温馨、亲切的感情,能有效地缩短双方之间的距离,给对方留下美好的印象,从而形成融洽的谈话氛围;可以反映你高超的修养和待人的至诚之心。

微笑是人际关系中的润滑剂,是广交朋友、化解矛盾的有效手段。微笑要发自内心,不要假笑。

2. 正确体态

体态存在于你的举手投足之间，优雅的体态是一个人有教养、有自信的完美展现。体态分为站姿、坐姿、行姿和蹲姿四种。

（1）正确的站姿应该是：抬头，挺胸，收腹，两腿稍微分开。

（2）正确的坐姿应该是：腿的后部能够碰到椅子，轻轻坐下，双膝并拢，腿可以放座位中间或两边。如果你的裙子很短，一定要小心盖住。

（3）正确的行姿应该是：昂首，挺胸，收腹，肩膀向后收紧，手放在身体两边，轻轻摆动，步伐轻快，不拖泥带水。

（4）正确的蹲姿应该是：两腿并拢，膝盖弯曲，臀部向下，上身保持直立。

三、商务宴请礼仪

从事商务活动，经常要以举行餐饮活动的形式表达欢迎、庆贺、答谢、饯行等活动，即商务宴请。宴请是一种交往形式，具有社交性、聚餐式和规格化三个特点，是人们结交朋友、联络感情、建立密切关系的重要手段。商务人员要想做到在商务宴请时宾主同乐，就必须对各种商务宴请礼仪有一定的了解。

（一）宴请者礼仪

为达到宴请目的，作为宴请者，应当熟悉和遵循商务宴请礼仪。一次符合商务礼仪规则的商务宴请，其本身通常就是一次成功的商务活动。

1. 迎宾

在宾客到达时，宴请者及接待人员应热情迎接，并应领其到休息厅暂时休息一下。开宴前，宴请者应陪主要宾客一道入席，接待人员安排其他人入座。

2. 宴会致辞

正式宴会一般均有致辞。致辞的时间安排各国有所不同。我国一般是人们入席后就开始致辞。

致辞时，宴请者应手持酒杯，可以在主桌旁起立致辞，也可以到布置好的讲台致辞。致辞内容要简练，用词明快生动，表明设宴的目的和要求，表示谦虚和诚意。致辞时，参加宴会的人员应暂停饮食、认真聆听，以表示对宴请者的尊重。

3. 席间敬酒

一般宴会中都有宴请者向宾客敬酒、宾客之间互相敬酒的习俗。宴请者在向宾客敬酒时，态度要稳重、热情、大方。宴会上互相敬酒，目的是互致友谊、活跃气氛，宾主都应量力而行、适可而止，切忌强制对他人进行劝酒甚至灌酒的行为。

4. 热情交谈

在宴会进行的过程中，大家可以互相自由交流，但仍要注意不可失礼。在整个宴会进行的过程中，宴请者要注意不要只和自己熟悉的一两个人交谈，或者不要坐在座位上很少说话。宴会上可以谈论的话题很多，应注意选择那些大众性、趣味性和愉悦性的话题与宾客交流。

5. 适时结束宴会

宴会时间一般为 1~2 小时，不宜过长或过短。宴请者要适时掌握宴会结束的时间，一般在宾客吃完水果后，宴请者就可以宣布宴会结束了，同时对宾客能够光临本次宴会表示感谢。宴请者和招待人员应把宾客送到门口，热情握手告别。

（二）赴宴者礼仪

宴请成功与否，除了取决于宴请者对宴会安排得是否周到、细致外，赴宴者的礼节、礼貌和修养能否密切配合也是很重要的因素。赴宴者在赴宴时应着重注意以下七个方面。

1. 应邀

在接到商务宴会邀请函后，赴宴者应尽早答复对方能否出席。答应出席后不要轻易改变，因故不能应邀出席需向宴请者致歉。

2. 仪表整洁

出席宴会前，赴宴者要注意服装的整洁和个人卫生，至少要穿上一套合体入时的干净服装。若是参加正式宴会，应穿宴会邀请函上所规定的服装。参加宴会时要精神饱满、容光焕发，这样能增添宴会的隆重气氛，营造和谐的环境，也是对宴请者和其他宾客的尊重。

3. 抵达入座

如宴请者到宴会场所门口迎接，则赴宴者应先同宴请者握手、问好致意，然后按照宴请者事前安排好的桌次和席位入座，不得随意入座，坐姿要端庄、自然。

4. 进餐

在宴请者致辞完毕，经招呼后，赴宴者方可进餐。要注意，因为餐别不同，对礼仪的要求也不同。

5. 交谈

参加任何宴会，无论处于何种地位，赴宴者都避免不了和同桌人交谈，特别是左右邻座，如互相不认识，可以先做自我介绍。

6. 礼貌告别

宴会结束后，赴宴者应向宴请者表达谢意。如宴请者备有小礼品相赠，无论价值高低，都应欣然收下并表示感谢。

7. 致谢

宴会结束后，赴宴者在合适的时候应给宴请者打电话致谢，这可以加深彼此的印象，增进友谊，为今后的进一步合作打好基础。

四、商务馈赠礼仪

在经济日益发达的今天，人与人之间的距离逐渐缩短，接触面越来越广，一些迎来送往及喜庆宴会的活动越来越多，彼此送礼的机会也随之增加。但如何挑选适宜的礼品，对每个商务人员而言都是值得重视的问题。掌握了商务馈赠礼仪，不仅能给他人留下大方得体的印象，还可增进彼此的感情，有利于商务活动的进一步发展。

在商务活动中，要使对方愉快地接受馈赠并不是件容易的事情，因为即使是赠礼人精心挑选的礼品，如果不讲究商务馈赠礼仪，也很难使馈赠收到良好的效果。因此，商务馈赠礼仪大有学问。

1. 注意礼品的包装

礼品的包装力求突出自己的特色，提升文化品位。包装材料要挑选受礼者喜欢的颜色。包装完毕后再贴上写有祝词和签名的缎带或彩色卡片，以表达自己的祝福和诚意。

2. 注意赠礼的时间

在商务活动中，一般在双方谈生意前或结束后送礼品，很少在商务谈话正在进行之中送礼品。进行访问时，一般在访问开始前或结束后送礼品，最好在访问结束后再送。

3. 注意赠礼时的态度和动作

赠送礼品时，平和友善的态度、落落大方的动作并伴有礼节性的语言，都可以使受礼者在接收礼品时不好拒绝，同时也心情愉快。

4. 注意馈赠的忌讳

（1）切勿直接去问他人喜欢什么礼品。

（2）千万不要把以前收到的礼品转赠他人。

（3）切忌送一些可能会刺激他人感官的礼品。

（4）谨记去除价格标签及商场的标志。无论礼品本身如何廉价，都应该用包装纸进行包装，有时细微的地方更能显出送礼人的心意。

总之，商务馈赠本身是进行人际交往的良好方式，但如果不懂得商务馈赠礼仪，就会把事情办糟，既花了钱，又伤了感情，这是特别值得商务人员注意的事情。

五、商务通信礼仪

（一）打电话的礼仪

1. 时间的选择

打电话之前应考虑何时打电话才能让对方感到方便。在他人不方便时去电话打扰是很不礼貌的行为。如果不得不在对方不方便的时候去打搅，应当先表示歉意并说明原因。

2. 礼貌问候

电话拨通后，应先说一声"您好"，得到明确答复后，报出自己要找的人的姓名。如电话号码拨错了，应向对方表示歉意，切不可无礼地挂断电话。

3. 做好记录

通话时要用心听，最好边听边做笔记。在电话中交谈时应集中注意力，思想不可开小差。切不可边打电话边和身边的人交谈，这是很不礼貌的。不得不暂时中断通话时，应向对方说："对不起，请稍等一会儿。"

4. 适时结束通话

通话时间要适可而止，具体视情况而定。结束通话时，可以把刚才谈过的问题适当重复和总结一下。放话筒的动作要轻，因为这些声音对方也能听到，否则对方会以为你是在故意摔电话。话筒放稳前，千万不可发牢骚、说怪话、对刚才的交谈妄加评论，以免被对方听到。

（二）接电话的礼仪

如何接电话，也是门艺术，要想做一个合格的商务人员，有许多礼仪要学。

听到电话铃声响起，应尽快放下手中所做的事情去接电话。通话要结束时，先请对方放下电话，再轻放下自己的电话。需要指出的是，无论在哪里接电话，都要仪态文雅、庄重，应轻拿、轻放，把电话机移向自己身边时，不要伸手猛拉过来。通话时应该声调适中、语气柔和沉稳。

（三）电话礼仪的注意事项

1. 电话的声音礼仪

接打电话，双方的声音是一个重要的社交因素。双方因不能见面，只能凭声音判断对方的情况，个人的声音不仅代表自己的独特形象，也代表了企业的形象。所以打电话时，首先必须注重声音的效果，一般要尽可能说标准的普通话。

其次，要让声音听起来充满表现力，要亲切自然，使对方感受到自己精神饱满、全神贯注、认真敬业，而不是萎靡不振、灰心丧气。最后，说话时面带微笑，微笑的声音富有感染力，且可以通过电话传递给对方，使对方有一种温馨愉悦之感。

2. 电话的语言礼仪

语言表达应尽量简洁明白，吐字要清晰，不要对着话筒发出咳嗽声或吐痰声。措辞和语法都要切合身份，不可太随便，也不可太生硬。

称呼对方时要加头衔，无论男女，都不可直呼其名，即使对方要求如此称呼，也不可过分，不可言语轻浮。

3. 出现线路中断情况

当通话时线路突然中断，拨打电话的一方应负责重拨，电话再次接通后应先表示歉意。即使是通话即将结束时出现线路中断，也要重拨回去，继续把话讲完。如果在一定时间内，拨打电话的一方仍未重拨，接听电话的一方就可拨过去继续通话。

4. 准时等候约定的回电

如果约定某人在某时给你回电，届时一定要打开手机或在办公室等候。有事离开办公室时，务必告诉同事自己返回的准确时间，以防有人打来电话过来，他们无从回答。

5. 妥善处理电话留言

对于电话留言，必须在一小时内给予答复，最迟也要在二十四小时之内给予答复。如果回电话时恰逢对方不在，一定要留言，表明自己已经回过电话了，即使找不到对方所需要的资料，也要让对方知道自己是诚心负责的，这是最基本的礼仪。如果自己确实无法亲自回电，也要托付他人代为回电。

6. 通话时受到各种干扰

当自己走进别人办公室时，如果别人正在通话，那么就应轻声道歉并迅速退出，否则是很不礼貌的。如果通话时间不太长，所谈也并非什么保密的事，通话人也许会示意你坐下稍候，此时应尽可能地坐在旁边等待，但不可出声干扰。如果确有急事必须马上打断通话人，就将要谈的事情写在便条上，放在他的眼前，然后退出。

（四）正确使用手机

手机是商业活动中最便捷的通信工具。手机和座机一样，在使用中也有一些事项应该特别注意。

（1）在参加一些需高度保密的重要会议时，不要携带手机进场，如果携带手机进场，则需要关闭手机电源。

（2）在重要聚会、重要仪式、音乐会、电影院等场合，应将手机设置为振动模式，或暂时关闭手机电源。若有重要来电必须接听时，应迅速离开现场，再开始与对方通话。如果实在不能离开，又必须接听，则要压低声音，一切动作以不影响在场的其他人为原则。

（3）平时与他人共进工作餐时（特别是自己请客户用餐时）最好不要接听或拨打手机。如果有电话，最好说一声"对不起"，然后去洗手间接，而且通话一定要简短，这是对他人的尊重。

（五）收发传真、电子邮件礼仪

1. 收发传真礼仪

传真机是远程通信方面的重要工具，因其方便快捷，在商务活动中使用得越来越多，可部分取代邮递服务。起草传真稿时应做到简明扼要、文明有礼。

（1）在发传真之前，商务人员应先打电话通知对方。

（2）在收到他人的传真后，商务人员应当在第一时间采用适当的方式告知对方，如果需要办理或者转交，转交他人发送的传真时切不可拖延时间，耽误对方的要事。

（3）书写传真信件时，在语气和行文风格上，应做到清楚、简洁，且有礼貌。传真信件时必须用写信的礼仪，如称呼、签字、敬语等均不可缺少。尤其是传真信件结尾的签字不可忽略，这不仅是礼貌问题，更重要的是只有签字后才代表这封传真信件的内容是经过发信者确认的。

2. 收发电子邮件礼仪

电子邮件是一种重要的通信方式，收发电子邮件礼仪已经成为商务礼仪的一部分。商务人员收发电子邮件时也要讲究礼仪。

书写电子邮件时，语言要简洁，所用字体和字号要让收件人看起来不费力。写完电子邮件后检查一下有无拼写错误和多余的话。

发送电子邮件时，重要的可以发送两次，以确保能发送成功。电子邮件发送完毕后，可通过打电话的方式询问收件人是否已经收到，通知收件人及时接收并阅读电子邮件。

收件人在收到电子邮件后，应尽快回复，如果暂时没有时间回复，应先简短回复，告诉对方，自己已经收到他的电子邮件了，有时间会详细阅读并回复的。

（六）电子商务礼仪

电子商务是指交易当事人或参与人利用现代信息技术和计算机网络（主要是

互联网）所进行的各种商业活动，包括货物贸易、服务贸易和知识产权贸易。

电子商务礼仪主要是为客户资料保密和保护客户的隐私权而存在。在网络环境下，人们可以通过网络的便捷服务完成教育、娱乐、购物行为，甚至可以接受医疗保健，储蓄，参与政府事务。因为这些行为都在单一网络上进行，所以可能发生客户资料及隐私被泄露的情况，这时电子商务公司应对客户的个人资料进行加密。如需使用客户资料应先征得客户同意。此外，客户应有权利修改或删除个人相关资料，不尊重客户者绝对会失去客户的忠诚。

专题二

商务接待与拜访礼仪

接待与拜访是商务活动中最常见的礼仪活动，它是与各种具体的商务活动结合在一起进行的。例如，谈判之前、推销过程、参观等都伴随着接待与拜访活动。令人满意的、健康的、正式的接待与拜访活动对于建立联系、发展友情、促进合作有着重要的作用。特别是企业更应该了解接待与拜访的基本礼仪规范，为其塑造良好的形象。

任务一　商务接待礼仪

在经济一体化和世界经济全球化发展的过程中，商业正扮演着日益重要的角色，商业往来成为人们交往的重要组成部分，甚至是核心部分。

随着企业之间业务往来的增加、对外交往范围的扩大，企业的接待工作越来越重要。

一、迎接礼仪

迎来送往，是社会交往接待活动中基本的形式和重要环节，是表达主人情谊、体现礼貌素养的重要方面。而迎接，是给客人留下良好的第一印象的重要工作。迎接客人要有周密的部署，应注意以下四方面事项。

（1）对前来访问、洽谈业务、参加会议的外国、外地客人，主人应首先了解对方到达的火车车次、航班号等，安排与客人身份、职务相当的人员前去迎接。若因某种原因，相应身份的主人不能前去迎接，前去迎接的人应向客人做出礼貌的解释。

（2）到车站、机场去迎接客人，主人应提前到达，恭候客人的到来，绝不能迟到，让客人久等。

（3）主人应提前为客人准备好交通工具，不要等客人到了再匆匆忙忙地准备交通工具，那样会因让客人久等而误事。

（4）将客人送到住地后，主人不要立即离去，应陪客人稍作停留，热情交谈，但不宜久留，让客人早些休息。离开时主人应将下次联系的时间、地点、方式等告诉客人。

二、招待礼仪

在接待工作之中，对客人的招待乃是重中之重。要做好接待工作，重要的是要以礼待客。

客人来访时，主人应微笑着问候客人并与客人握手，招待客人入座或与客人一起入座。入座前，应告诉客人衣帽挂在何处，也可帮助客人将衣帽挂起来，并会意或指引客人该坐于何处。接着应马上奉茶。奉茶前可事先询问客人的喜好是茶、咖啡还是其他饮料。奉茶时左手捧着茶盘底部，右手扶着茶盘的外缘，依职位的高低顺序端给不同的客人，再依职位高低端给自己企业的接待同人。如有点心则放到客人的右前方，茶杯应摆在点心右边。上茶时应以右手端茶，从客人右方奉上，面带微笑，眼睛注视对方。茶不要倒得太满，以八分满为宜。水温不宜太高，以免客人不小心被烫伤。

会见之时，应准备好相关资料，不要在会见进行中随意进出、拿资料，这样容易让人感觉事先并没有安排好。

三、送客礼仪

在一般情况下，无论宾主双方对会晤的具体时间长度有无约定，告辞均须由客人自己首先提出。如果主人首先提出来送客，或是以自己的动作、表情暗示厌客之意，都是极其不礼貌的。当客人提出告辞时，主人通常应对其加以热情挽留。若客人执意离去，主人可在客人率先起身后再起身相送。

主人在送客时可送至大门外、电梯口甚至送上车并帮客人关上车门。身份地位愈高的客人通常也愈有礼貌，往往于上车后将车窗摇下挥手道别，因此送客人上车后不可马上离去，应等待客人的车离开视线后再离去。

任务二　商务拜访礼仪

在商务活动中，商界人员免不了要经常前往不同的地方拜访客户。拜访客户的目的无外乎就是广泛开展业务联系，巩固老客户，发展新客户，不断加强联络，沟通感情。拜访工作要想达到预期效果，商务人员就必须遵守一定的礼仪惯例和规范。

一、办公室拜访礼仪

办公室是企业、行政机关及各种社会组织处理往来事务的重要场所，而且也是商务拜访的常至之处。做好办公室拜访，应从以下五个方面加以注意。

1. 拜访前要预约

拜访前要事先和对方预约一下，具体的联系方式可以是打电话，也可以是发电子邮件。约定好时间后不能失约，要按时到达，不要迟到，以免对方着急。也不可过早到达，否则对方来不及准备。确实因特殊原因不能如约前往时，要及时向对方说明情况，另行预约时间。

2. 拜访前要注意修饰仪表

拜访前应整理头发（男士应刮净胡须），服装要整洁，鞋子要干净，显示出对对方的尊重和对会面的重视。仪容不整、满身脏污地去拜访是极不礼貌的。

3. 到达后要礼貌地进入室内

到达对方办公室门口，要稍稍再整理一下头发和服装，然后轻叩两三下门，经对方允许后方可进入。

4. 节省时间，进入正题

到对方办公室拜访时，尽早将话题转到正题上来，简要地说明来意，待对方表示同意并达到目的后，应及时告辞，以免影响对方的工作。

5. 礼貌告辞

拜访结束时，应礼貌地告辞，并对拜访成功的结果表示满意，对对方的热情接待表示感谢，对双方的进一步接触表示信任和诚意。

二、宾馆拜访礼仪

商务活动中经常有同企业或个人有联系的外地客人到本地来参观、学习、考察或进行其他活动。在得知此消息后，应该前往客人下榻的宾馆，进行礼节性的拜访。

1. 约定时间

到宾馆拜访客人时，拜访前应先同对方约定好时间。时间的确定多由对方决定，在约定时间的同时，要问清楚对方下榻宾馆的具体地址和楼层、房间及联系电话等。

2. 服饰整洁

宾馆是比较正观的场所，进出时服饰一定要整洁。若是穿着不当，有可能被拒之门外，即使不被阻拦，也会招来异样的目光。

3. 敲门入内

进入客人房间以前，要先核对房间号，证实无误后，可轻轻叩门。客人开门后，应进行自我介绍，双方身份得到证实，待客人允许你进入房间后，才可入内。

4. 及时告辞

到宾馆拜访客人大都是礼节性的，拜访时间不宜过长。一切安排妥当后，要及时告辞。

5. 遵守宾馆的各项规定

到宾馆拜访客人，应遵守宾馆的各项规定：如不在禁烟处吸烟，不在宾馆的前厅及走廊上跑动，等等。走路时脚步要轻，与服务员或客人讲话时声音要小、态度要友好。

三、拜访异性客商礼仪

因工作需要，单独拜访异性客商是常有的事。由于性别的差异，在拜访时应特别注意礼节、礼貌，以免引起对方的误会或其他人的猜疑，影响拜访效果。

1. 提前预约

拜访异性客商，同样要事先约好时间。无论拜访对象之间是熟悉的还是不熟悉的，都需要预约，并且最好由对方确定拜访时间。未曾预约的任何异性拜访多半是不受欢迎的，有时甚至是令人尴尬的。

2. 选择合适的拜访时间

对异性客商的拜访，在时间的选择上一定要考虑周到，要避免时间过早或过晚，以及用餐时间和节假日，否则会造成对方的不方便，也容易造成其他人的猜疑和误解。

3. 服饰要整洁大方

在拜访异性客商时，对服饰做一番准备是必要的，可以根据被拜访者的身份和拜访的场所等因素进行选择，但不能过分打扮。

4. 言语要真诚得体

拜访异性客商时，讲话的态度要自然诚恳，不要闪烁其词，更没必要羞怯不安。用词要谨慎，不可乱开玩笑，动作手势幅度不宜过大，保持稳重平和的态度，争论问题须有节制。如果不是代表公司，最好不要向异性客商赠送任何礼品。

5. 适时告辞

拜访异性客商，时间上不宜过长，拜访过程中，基本目的已经达到，应选择时机适时告辞。具体应以拜访进程情况具体而定。过早走，会被认为拜访者心不诚，是出于商务上的应付；过迟走，又易引起被拜访者的厌烦。所以要选择恰当时机适时告辞，使拜访工作圆满完成。

四、拜访外商礼仪

在拜访外商时需要严格遵守的礼仪规范主要涉及以下六条。

1. 有约在先

拜访外商时，切勿未经约定便不邀而至。尽量避免前往其私人居所进行拜访。约定的具体时间通常应当避开节日、假日、用餐时间、过早或过晚的时间及其他一切对方不方便的时间。

2. 守时践约

这不只是为了讲究个人信用，提高办事效率，而且也是对拜访对象尊重友好的表现。万一因故不能准时抵达，务必及时通知对方，必要的话，还可将拜访改期。在这种情况下，一定要记得向对方道歉。

3. 进行通报

进行拜访时，倘若抵达约定的地点后，未与拜访对象直接见面，或是对方没有派人迎候，则在进入拜访对象的办公室或私人居所的正门之前，有必要先向对方进行一下通报。

4. 登门有礼

当拜访对象开门迎客时，务必主动向对方问好，互行见面礼节。倘若拜访对象不止一人，则对对方的问候与行礼，必须在先后顺序上合乎礼仪惯例。标准的做法有两种：其一是先尊贵后普通；其二是由近而远。在此之后，在拜访对象的引导下，进入指定的房间（切勿擅自闯入），在就座之时，要与拜访对象同时入座。倘若自己到达后，拜访对象处尚有其他客人在座，应当先问一下拜访对象，自己的到来会不会影响对方。为了不失礼仪，在拜访外商之前，最好随身携带一些备用的物品，主要是纸巾、擦鞋器、袜子与爽口液等，简称为"涉外拜访四必备"。入室后的"四除去"是指除去帽子、墨镜、手套和外套。

5. 举止得体

在拜访外商时要注意自尊自爱，并且时刻以礼待人。与拜访对象或其家人进行交谈时，要慎择话题。切勿信口开河、出言无忌。与异性交谈时，要讲究分寸。对在拜访对象家里遇到的其他客人要表示尊重，友好相待，不要在有意无意间冷落对方，置之不理。若其他客人较多，要以礼相待、一视同仁。切勿明显地表现出厚此薄彼，而本末倒置地将拜访对象抛在一旁。在拜访对象家里，不要随意脱衣、脱鞋、脱袜子，也不要大手大脚，动作嚣张而放肆。未经允许，不要在拜访对象家中四处乱闯，随意乱翻、乱动、乱拿其家中的物品。

6. 适可而止

在拜访外商时，一定要注意在对方的办公室或私人居所里停留的时间长度。从总体上讲，应当具有良好的时间观念，不要因为自己停留的时间过长而打乱对方既定的其他日程。在一般情况下，礼节性的拜访，尤其是初次登门拜访，应将拜访时间控制在一刻钟至半小时之内。最长的拜访时间，通常也不宜超过两个小时。有些重要的拜访，往往需由宾主双方提前议定拜访的时间长度。在这种情况下，务必要严守约定，绝不可单方面延长拜访时间。自己提出告辞时，拜访对象虽表示挽留，仍须执意离去，但要向对方道谢，并请其留步，不必远送。在拜访期间，若遇到其他重要的客人来访，或拜访对象一方表现出厌客之意，应当机立断，知趣地告辞。

专题三

商务会议礼仪

商务人员在日常交往中必不可少的活动，就是组织会议、领导会议或者参加会议，因此会议自然而然地成为商务活动的有机组成部分之一。商务会议主要包括展览会、展销会和洽谈会等，是商务人员交流信息、开展活动的重要方式。

任务一 商务会议概述

会议，又称集会或聚会。在现代社会里，它是人们从事各类有组织的活动的一种重要方式。在一般情况下，会议是指有领导、有组织地使人们聚集在一起，对某些议题进行商议或讨论的集会。

在商务活动中，由于会议发挥着不同的作用，因此便有着多种类型的划分。依照会议的具体性质来进行分类，商务会议大致可以分为以下四种类型。

第一类，业务型会议。它是商界中的有关单位所召开的专业性、技术性会议，例如：展览会、供货会，等等。

第二类，行政型会议。它是商界的各个单位所召开的工作性、执行性的会议，例如：行政会、董事会，等等。

第三类，社交型会议。它是商界各单位以扩大本单位的交际面为目的而举行的会议，例如：茶话会、联欢会，等等。

第四类，群体型会议。它是商界各单位内部的群众团体或群众组织所召开的非行政性、非业务性的会议。例如：职代会、团代会等，旨在争取群体权利，反映群体意愿。

一般而言，以上四种会议类型常见于商界的会议，除群体型会议之外，均与商界各单位的经营、管理直接相关，因此世人称之为商务会议。在商务活动中，商务会议通常发挥着极其重要的作用。

在许多情况下，商务人员往往需要亲自办会。所谓办会，指的是从事会务工作，即负责从会议的筹备直至其结束，还有善后的一系列具体事项。商务人员在负责办会时，必须注意两点。一是办会要认真。奉命办会，就要全力投入，谨慎对待，精心安排，务必开好会议，一丝不苟。二是办会要务实。召开会议，重在解决实际问题，在这一前提下，要争取少开会，开短会，严格控制会议的数量与规模，彻底改善会风。

任务二　商务会议参加者礼仪规范

一、主持人礼仪

商务会议的主持人，一般由具有一定职位的人来担任，其礼仪表现对会议能否圆满成功有着重要的影响。

（1）主持人应衣着整洁，大方庄重、精神饱满，切忌不修边幅。

（2）主持人走上主席台应步伐稳健有力，行走速度因会议的性质而定，一般而言，对快速、热烈的会议，行走速度较快。

（3）入席后，如果是站立主持，主持人应双腿并拢，腰背挺直。持稿时，右手持稿的底中部，左手五指并拢自然下垂。双手持稿时，应与胸齐平。以坐姿主持时，应身体挺直，双臂前伸，两手轻按于桌沿。在主持过程中，切忌出现搔头、揉眼、抖腿等不雅动作。

（4）主持人对会场中的熟人不应打招呼，更不能闲谈，会议开始前，或会议休息时间可点头、微笑致意。

二、会议发言人礼仪

会议发言有正式发言和自由发言两种，前者一般是领导做报告，后者一般是讨论发言。

正式发言人，应衣冠整齐，走上主席台应步态自然，刚劲有力，体现一种成竹在胸、自信自强的风度与气质。发言时应口齿清晰，讲究逻辑，简明扼要。如果是书面发言，要时常抬头扫视一下会场，不能低头读稿，旁若无人。发言完毕后，应对听众的倾听表示谢意。

自由发言则较随意。应注意，发言要讲究顺序和秩序，不能争抢发言；发言应简短，观点应明确；与他人有分歧时，应以理服人，态度平和，听从主持人的指挥，不能只顾自己。

如果有会议参加者对发言人提问，应礼貌作答，对于不能回答的问题，应机智而礼貌地说明理由，对提问人的批评和意见应认真听取，即使提问人的批评是错误的，也不应失态。

三、会议参加者礼仪

会议参加者应衣着整洁,仪表大方,准时入场,进出有序,依会议安排落座。开会时应认真听讲,不要私下交头接耳,当发言人发言结束后,应鼓掌致意,中途退场应轻手轻脚,不能影响他人。

任务三　几种常见的商务会议礼仪

一、展览会礼仪

展览会(展览、展示、展示会)对商界而言,主要是指有关单位和行业组织,甚至是政府所组织的推广介绍商业产品和技术、促进商品宣传和流通的商业性聚会。

展览会礼仪,通常是指商界单位在组织、参加展览会时,所应当遵循的规范与惯例。举办展览会要注意以下六方面的礼仪。

(1) 在展位上的工作人员应当统一着装,最佳的选择是身穿本单位的制服,或者是穿深色的西装、套裙。参展单位若安排专人迎接顾客,则最好请礼仪小姐身穿色彩鲜艳的单色旗袍,并胸披写有参展单位或其主打展品名称的大红色缎带。全体工作人员(除礼仪小姐外)都应佩戴标明本人单位、职务、姓名和有本人彩照的胸卡。

(2) 要努力维护整体形象。工作人员不应佩戴首饰,男士应剃须,女士则最好化淡妆。站立迎客,不迟到、不早退、不无故脱岗、东游西逛等,应时时注意礼貌待人。

(3) 当顾客走近自己的展位时,工作人员应面向对方,稍许欠身,面带微笑,伸出左手,掌心向上,指尖直指展台,并告知对方:"请您参观。"

(4) 当顾客在本单位的展位上进行参观时,工作人员可随行其后,以备对方向自己咨询;对于顾客所提出的问题要认真地做出回答。不允许置之不理,用不礼貌的言行对待顾客。

(5) 当顾客离开时,工作人员应当真诚地向对方欠身施礼,并道以"谢谢光临"或是"再见"。

(6) 在任何情况下,工作人员均不得对顾客恶语相加或讥讽嘲弄。对于个别不守展览会规则而乱摸乱动、乱拿展品的顾客,仍需以礼相劝,必要时可请保安人员协助劝离，但不允许工作人员擅自对顾客动粗，进行打骂、扣留或者非法搜身等。

二、展销会礼仪

展销会是边展览、边销售的一种商业活动形式，它兼有展览和销售两种功能，用于集中宣传某类产品或突出宣传企业的各种产品。举办展销会要注意以下几方面的礼仪。

首先，展销会的环境布置要隆重、典雅，体现出一种文化氛围。展区布置要具有鲜明的特色且富有感染力，展销产品的摆放要讲究艺术性和技巧性，既要突出产品特点，又要方便顾客购买。

其次，展销会的工作人员要给顾客留下良好的印象——服饰要整洁，仪容要修整，佩戴有关标志，面带微笑地迎送每一位顾客。在展厅的各个商品展区，都要有礼仪小姐或礼仪先生，他们为顾客提供礼貌的服务，主动为顾客介绍商品，并耐心回答顾客的咨询。

最后，开展销会的目的是扩大业务联系，扩大宣传，增加营业额，因而对所有客户都要给予同等的礼遇。

在有许多竞争产品参展时切不可为推销自己的产品而贬低别人的产品，这是失礼的行为，可以着重介绍自己产品的优点，不可以进行比较性介绍。

三、洽谈会礼仪

洽谈会也是重要的商务活动之一。一个成功的洽谈会，既要讲谋略，又要讲礼仪。

1. 洽谈会的礼仪性准备

洽谈会是单位和单位之间的交往，所以应该表现的是敬业、职业、干练、效率的形象。在仪表上，要有严格的要求。如男士不准蓬头垢面，不准留胡子或留大鬓角。女士应选择端庄、素雅的发型，化淡妆；摩登或超前的发型、染彩色头发、化艳妆或使用香气浓烈的化妆品，都不可以。在服饰上，应该穿着正统、简约、高雅、规范的礼仪服装。男士应穿深色三件套西装和白衬衫、打素色或条纹式领带、穿深色袜子和黑色系带皮鞋。女士要穿深色西装套裙和白衬衫，穿肉色长筒或连裤式丝袜和黑色高跟、半高跟皮鞋。

2. 洽谈会的座次礼仪

在洽谈会上，不仅应当布置好洽谈厅的环境，准备好相关的用品，而且应当特别重视礼仪性很强的座次问题。

在进行洽谈时,各方的主谈人员在自己一方居中而坐。其余人员则应依照职位的高低先近后远、先右后左地分别在主谈人员的两侧就座。如果有翻译,可以安排其就座在主谈人员的右边。举行双边洽谈时,应使用长桌或椭圆形桌子,宾主应分坐在桌子两侧。桌子横放的话,应以面对正门的一方为上,属于客方。桌子竖放的话,以进门的方向为准,右侧为上,属于客方。

举行多边洽谈时,为了避免失礼,按照国际惯例,一般要以圆桌为洽谈桌,举行"圆桌会议"。这样一来,尊卑的界限就被弱化了。不过即便如此,在具体就座时,仍然要讲究各方与会人员尽量同时入场、同时就座。主方人员不要在客方人员之前就座。

专题四

商务谈判礼仪

商务谈判是商务人员从事的最重要的商务活动。商务人员所进行的谈判，是指在商务交往中，为了建立联系、达成交易、拟定协议、签署合同、要求索赔，或是为了处理争端、消除分歧而进行的面对面的讨论与协商，以求达成某种程度上的妥协。凡是正规、正式的谈判，都是按照一定的礼仪和规范来进行的。只有了解并能熟练应用商务谈判的策略和礼仪的商务人员，才能称得上是称职的商务人员。

任务一 商务谈判过程礼仪

为了达成某项协议，满足谈判的各种要求，商务人员需经常进行谈判活动。商务谈判是比较常见的商务活动之一，要在平等、友好、互利的基础上达成一致意见，消除分歧，因此在参加商务谈判时要注意一定的礼仪。

一、谈判之前

商务谈判之前首先要确定谈判代表，谈判代表应与对方谈判代表的身份、职务相当。

谈判代表要有良好的综合素质，首先从外表上得以体现，如整理好自己的仪容仪表，穿着要整洁、正式、庄重。男士刮净胡须，穿西服必须打领带。女士穿着整洁朴素，不宜穿细高跟鞋，应化淡妆。

谈判之前要布置好谈判会场，通常采用长方形或椭圆形谈判桌，门右手边座位或门对面座位为尊，应让给客方。

谈判前要对谈判主题、内容、议程做好充分准备，制订好谈判计划、谈判目标及谈判策略。

二、谈判之始

谈判双方代表接触时的第一印象非常重要。谈判之始,言谈举止要尽可能营造出友好、轻松的气氛。

商务人员做自我介绍时仪态要自然大方,不可露傲慢之意。被介绍到的人应起立并微笑致意,可以礼貌地道一句:"幸会,请多关照。"询问对方姓名时要客气,如"请问尊姓大名"等。如需要互换名片,应双手接递,自我介绍完毕后,可选择双方共同感兴趣的话题进行交谈。适当做一些寒暄,以沟通感情,进一步为谈判营造轻松的气氛。

谈判之始的姿态对把握谈判气氛起着重大作用,应目光注视对方双眼至前额的三角区域正方,使对方感到自己被关注,觉得你诚恳严肃。手心朝上比朝下好,手势自然,不宜乱打手势,以免造成轻浮之感。不要双臂交叉抱在胸前,这样会显得十分傲慢无礼。

三、谈判之中

谈判双方在谈判前要准备好谈判的相关问题,并选择在气氛和谐时提出,态度要开诚布公。切忌在气氛比较紧张时进行问询,言辞不可过激或追问不休,以免引起对方反感甚至恼怒。但对原则性问题应当力争不让。对方回答询问时不宜随意打断,问询完成后应向对方表示感谢。

在磋商(即俗语中的"讨价还价")阶段,由于这关系到双方利益,容易因情急而失礼,因此要特别注意保持风度。坦诚相见是最好的礼仪,磋商应心平气和,求大同,存小异。发言措辞应文明礼貌,在坚持原则的情况下可以做些必要的让步。

四、谈后签约

达成谈判协议后要举行签约仪式,签约仪式一般选在宽敞的会议室进行,设一张长桌作为签字桌,盖上深色台布,桌后并排放两张椅子。面对门而坐,主方在左,客方在右,将事先打印好的合同文本摆放桌上,分别放好签字用具,桌子正中放一束鲜花。签字桌后的墙上可贴上会标,写明"××合同签约仪式,×年×月×日"之类的标题。

签约仪式举行时,双方参加谈判的全体人员都要出席,共同进入会场,相互握手致意,一起入座。双方都应设有助签人员,分立在各方签约代表外侧,其余人员排列站立在各自一方代表身后。

签约仪式开始后,助签人员协助签字人员打开合同文本,并指明签字位置。双方签约代表各自在己方的合同文本上签字,然后由助签人员进行合同文本交换,双方签约代表再在对方合同文本上签字。

签字完毕,合同文本就产生了法律效力,这时双方应同时起立,交换合同文本,并相互握手,祝贺合作成功。其他随行人员则应以热烈的掌声来表达对本次签约成功的喜悦与祝贺。

签约后通常都安排礼节性的干杯礼仪,或者合影留念,以示双方长期合作的意愿。

任务二　涉外商务谈判礼仪规范

在涉外交往中,遵守国际惯例和一定的礼节,可以赢得人们的尊敬和爱戴,广交朋友,避免隔阂和怨恨。如果一位商务人员在涉外工作中,彬彬有礼,待人接物恰如其分,诚恳、谦恭、和善,就必定会受到人们的尊重。

一、涉外交往中的服饰礼仪

在国际社交场合,服装大致分为礼服和便装。正式的、隆重的、严肃的场合着深色礼服(燕尾服或西装),一般场合则可着便装。目前,除个别国家在某些场合另有规定(如典礼活动,禁止妇女穿长裤或超短裙)外,对穿着的要求趋于简化。

在涉外交往中,着装应注意下列事项。

(1) 任何服装都应做到清洁、整齐、挺直。上衣应熨平整,下装熨出裤线。衣领袖口要干净,皮鞋应上油擦亮。穿中山装要扣好银扣领钩、排扣。穿长袖衬衣要将前后摆塞在裤内,袖口不要卷起,长裤的裤筒也不允许卷起,两扣西服上衣若需要系扣子,可系上边一个,若是一扣或多扣西服上衣,均应将扣子扣全。男士在任何情况下均不应穿短裤参加涉外活动。女士夏天可光脚穿凉鞋,如穿袜子,袜口不要露在衣、裙之外。

(2) 参加各种涉外活动,进入室内均应摘去帽子和手套,脱掉大衣、风雨衣等,并送入存衣处。西方妇女的纱手套、纱面罩、帽子、披肩、短外套等,作为服装的一部分,允许在室内穿戴。在室内外,一般不要戴墨镜。有眼疾须戴有色眼镜时,应向主人和其他客人说明,并在握手、交谈时将眼镜摘下,离别时再戴上。

在家中或宾馆房间内接待临时来访的外国客人时,如来不及更衣,应请外国客人稍坐片刻,然后立即换上服装、穿上鞋袜,不得赤脚或只穿内衣、睡衣、短裤、拖鞋接待外国客人。

二、涉外交往中的问候礼仪

在涉外交际场合中,一般是在相互介绍和会面时握手;遇见朋友先打招呼,然后相互握手,寒暄致意;关系亲切的则边握手边问候,甚至两人的双手长时间握在一起;在一般情况下,轻握一下即可,不必用力。但年轻者与年长者、身份低者与身份高者握手时应稍稍欠身,双手握住对方的右手,以示尊敬。男士与女士握手时,应只轻轻握一下女士的手指部分。

握手也有先后顺序,应由主人、年长者、身份高者、女士先伸手,客人、年轻者、身份低者先进行问候,待对方伸手后再握。多人同时握手时,切忌交叉进行,应等别人握手完毕后再伸手。男士在握手前应先脱下手套,摘下帽子。握手时应双目注视对方,微笑致意。

此外,有些国家还有一些传统的见面礼节,如在东南亚一些信仰佛教的国家,人们见面时双手合十致意;日本人则行鞠躬礼;我国行传统的拱手礼。这些礼节在涉外交际场合也可使用。

在公共场合远距离看到相识者,一般应举起右手打招呼并点头致意,也可脱帽致意。与相识者在同一场合多次见面,只点头致意即可;对于只有一面之交的朋友或不相识者,在涉外交际场合与其见面时,均可点头或微笑致意。

三、涉外交往中的谈吐礼仪

涉外交往中,在与外商谈话时表情要自然,语言要亲切和气、表达得体。谈话时可适当做些手势,但动作不要过大,更不要手舞足蹈,用手指点他人。谈话时的距离要适中,太远太近均不适合,不要拖拖拉拉、拍拍打打。

加入别人的谈话要先打招呼,别人在进行私下谈话时,不要凑前旁听;有事需与某人谈话,可待别人谈完再过去;有人主动与自己说话,应乐于交谈;发现有人欲与自己谈话,可主动询问;当有第三者加入谈话时,应以握手、点头或微笑表示欢迎;若谈话过程中有急事须离开,应向对方打招呼,表示歉意。

谈话时若超过三人,应不时与在场所有人分别攀谈几句,不要同个别人只谈双方知道的事情,而冷落其他人。如果所谈的内容不便让其他人知道,可另约时间单独谈话。

在涉外交际场合中,自己讲话时要给别人留发表意见的机会;在别人讲话时,也应适时发表个人看法。对于对方谈到的不宜在涉外交际场合谈论的问题,不应轻易表态,可转移话题。要善于聆听对方的讲话,不要轻易打断,不提与谈话内容无关的问题。在相互交谈时,应目光注视对方,以示专心。听别人讲话时，不要左顾右盼、心不在焉，或总看手表等，表现出不耐烦的样子，也不能伸懒腰、玩东西等。

在涉外交际场合结识朋友，可由第三者介绍，也可自我介绍。为他人介绍，要先了解双方是否有结识的意愿，不要贸然行事。无论自我介绍或为他人介绍，都要自然。例如，正在交谈的人中，有你所熟知的，便可趋前打招呼，这位熟人便将你介绍给其他客人。自我介绍时，要主动讲清自己的姓名、身份、单位（国家），对方则会随后进行自我介绍。为他人介绍时还应说明他人与自己的关系，以便于新结识的人相互了解与信任。介绍其他人时，要有礼貌地伸出手掌示意，而不要用手指指点别人。介绍也有先后之别：应先将身份低者、年纪轻者介绍给身份高者、年长者，把男士介绍给女士。介绍时，除女士和年长者外，一般应起立。但在宴会桌上、会谈桌上可不必起立，被介绍者只要微笑点头有所表示即可。交换名片也是相互介绍的一种形式。在送给他人名片时，应双手递出，面露微笑，眼睛看着对方，在接收对方名片时，也应双手接回，还应轻声将对方的姓名等读出，然后郑重地收存好。

涉外交往谈话时，内容不能涉及疾病等不愉快的话题；也不要提起一些荒诞离奇、耸人听闻、淫秽的话题；不应径直询问对方的履历、工资收入、家庭财产等私人生活方面的问题；对方不愿回答的问题不应究根寻底；一旦问了对方反感的问题应表示歉意或立即转移话题。在谈话中一定不要批评年长者、身份高者，不要议论当事国的内政，不要耻笑讽刺对方或他人，不要随便议论宗教问题。

男士一般不参加女士圈内的议论。与女士谈话更要谦让、谨慎——不宜询问其年龄和婚姻状况；不要谈论其身材、健康、收入及私生活方面的话题；不要与其乱开玩笑，更不要无休止地攀谈，以免引起对方和他人的反感。

社交场合的谈话话题，还可涉及天气、新闻、工作业务等方面，但一定注意内外有别，保守国家秘密。

专题五

商务谈判专题会议礼仪

任务一 会议场地布置

一、常见的会议场地类型

1. 会议中心

会议中心由于容纳会议代表多，地理位置优越，装备精良，通常还有训练有素的专业人员协助，与会人员、器材设备进出都很方便。大多数会议中心还可以提供一些较小的场地，用于同时举行供少数与会人员另外参加的小型会议等。

会议中心大都不提供住宿，必须由会议组织者另行安排。另外，还要考虑大型会议期间的特别活动，如观光旅游、宴会、看戏、舞会等。如果选择的会议中心位于旅游热点地区，最好避开公众假期，因为公众假期里宾馆、饭店房间的需求量很大，较难订房。

如果准备举行大型会议，需要使用会议中心里的全部设施，花钱请专业公司承办很有必要。因此，在挑选会议地点时，必须与已选定的公关公司商量，在会议策划阶段拿出具体方案。一般来讲，策划阶段的工作越提前越好。

2. 宾馆、饭店

就专业设备和会议专用设施而言，大多数宾馆、饭店自然比不上会议中心。但是宾馆、饭店可以提供舒适的环境、精美的食物和良好的服务，在一定程度上可以弥补其他方面的缺陷。宾馆、饭店常常被选为小型重要会议举办场地，虽然与会人员较少，有时甚至不足二十人，但这些人一般在企业中的地位较高，参加会议的层次、规格也较高。

租借宾馆、饭店作为会议地点应注意的问题较多，保安、电费、餐饮服务、工作人员、音响设备等方面都必须考虑周全。

3. 大专院校

大专院校能够提供较先进的会议设施，比较适合于专业团体或者研究机构举办诸如在会议中有正式报告提交讨论的会议。会议期间，与会人员可以利用校内宿舍解决住宿问题，学校宿舍布置虽不豪华，却很便宜。大专院校浓厚的知识氛围，对与会者也是良好的熏陶。

但是，有现代化设施的大专院校位于比较偏僻的地区，有的学校的教育设施在假期中不能租用，另外，地面交通问题也应纳入会议组织过程的考虑范围。

4. 海外会议地点

去海外开会也必须考虑许多问题，比如节省开支就是需要考虑的问题之一。如果计划召开一次大型国际性会议，与会人员来自若干不同的国家，从尽可能节省经费的角度考虑，会议可以在大多数人员花不多的交通费就能轻易抵达的国家举行。

虽然筹办海外会议与筹办国内会议的难易程度不相上下，但是为人数众多的与会者安排海外旅行，诸如预订机票，安排接送机，聘用照料旅行事务的服务人员和翻译，安排观光旅行，预订娱乐活动等，就会有很大难度。除非会议组织者对处理这些事情得心应手，否则，最好还是委托给专业旅行社代办。

专业旅行社必须清楚会议举办地方的法律、风土人情、社会治安等情况，以及在开会过程中可能遇到的各种问题，所以，在选择专业旅行社的时候应当小心谨慎。

5. 现场

根据实际需要，如会议安排有剪彩仪式、交接仪式、开工仪式、纪念会议等，应选择在现场举行。这类会议场地相对较为简陋，设施也不是很完善，但可很好地展现会议的主题与性质。

二、如何安排会场座位格局

安排会场座位格局是会场布置的首要任务，在实际操作中必须考虑以下两个问题。

1. 会场大小和与会人数

会场大小和与会人数多少是制约会场座位格局设计和安排的两个重要因素。会场小而人数多，则应当将座位安排得紧凑一些；反之，则可将座位安排得宽松一些。

2. 会场座位格局的气氛和效果

不同的座位格局所形成的会议气氛和所产生的效果是不同的。比如，报告会需专门设主席台或讲台，以突出报告人的主导地位；座谈会则一般都采取围坐的格局，不设专门的主席台，主持人与其他与会者围坐在一起，会议气氛非常融洽。因此，要根据会议的性质和需要营造的会议气氛来确定会议的座位格局。

三、会场座位格局的常见类型

会场座位格局类型常见的有上下相对式、全围式、半围式、分散式和并列式五种。

1. 上下相对式

此种座位格局，主席台和代表席采取上下面对面的形式，从而突出了主席台的地位。由于专门设立了主席台，整个会场气氛就显得比较庄重和严肃。

上下相对式又可以具体分成礼堂形、"而"字形等。礼堂形的座位格局场面开阔，较有气势，适合召开大中型的报告会、总结表彰会、代表大会等，但其座位通常是固定的，因而无法做出适当的调整。"而"字形和倒"山"字形（即在"而"字形中去掉前排代表席）的座位格局，一般安排在座位不固定的会议厅内，形式较为灵活，而且可以最大限度地利用会场面积。

2. 全围式

此种座位格局不设专门的主席台，会议的领导人和主持人同其他与会者围坐在一起，因此容易形成融洽合作的气氛，体现平等和相互尊重的精神，这有助于与会者之间相互熟悉了解和不拘形式地发言，可使与会者充分交流思想、沟通问题。同时也便于会议主持者细致观察每位与会者的意向、表情，及时准确地把握与会者的心理状态，并采取措施引导会议向既定目标发展，或根据实际情况，调整目标，从而保证会议取得完满成功。

全围式格局适用于召开小型会议以及座谈性、协商性等类型的会议。

3. 半围式

此种座位格局介于上下相对式和全围式之间，即在主席台的正面和两侧安排代表席，形成半围的形状，这样既突出了主席台的地位，又营造了融洽的气氛，适用于中小型工作会议等。

4. 分散式

此种座位格局是将会场分解成由若干个会议桌组成的格局，每个会议桌形成一个谈话交流中心，与会者根据一定规则安排就座，其中领导人和会议主席就座的位置，称为主桌，这种座位格局的优点是既在一定程度上突出主桌的地位和作用，同时，也给与会者提供了多个谈话、交流的中心，使会议气氛更为轻松和谐。

分散式格局适用于召开规模较大的联欢会、茶话会，等等。不过这种会场座位格局要求会议主持人具有较强的组织和控制会议进度的能力。

5. 并列式

此种座位格局即将座位安排成双方纵向并列或者横向并列的格局。宾主双方并排就座，以暗示双方"平起平坐"、地位对等，多适用于礼节性会客。此类会议比较适合交流、座谈等类型的会议。

四、座区划分与座位排列方法

会议规模较大、参加人数较多、代表资格不同或者以团组、单位名义参加的会议，往往需要将会场中的坐席划分为若干个区域，让与会者按代表团、小组、单位以及代表性质分区集中就座。每个代表团、小组、单位内部也要按一定的规则排列座位次序。不分团组的会议，有时也需要排列与会者的座位次序。

与会者有固定的座位，这有利于维持会场的秩序，便于在会场内按代表团、小组或单位进行讨论或磋商；便于会议文件的分发与组织与会者退场。

常见座区的划分和座位排列方法有以下三种。

1. 按与会者的资格划分和排列

凡有不同资格的与会者参加的会议，应当首先将所有与会者按特邀、正式列席、旁听的资格加以划分，然后再按资格分别排列座区。一般方法是：

正式代表的座区在前或居中，列席代表多安排在后排或两侧，较大的会议也可将正式代表安排就座于一楼，而将列席代表安排在二楼就座。

如有特邀嘉宾，应让其就座于主席台，或安排就座在前排，以表示对他们的尊重和欢迎。会议如允许旁听和记者采访，则应在会场两边或后排专设旁听席和记者席。

2. 按团组划分和排列

如会议活动需将与会者编组，则可按团组划分和排列座区。按团组划分和排列座区首先要按一定的原则确定团组排列的先后次序，然后再按一定的方法确定具体的座区。

（1）排列团组先后次序的方法。

①按法定的顺序排列，如全国性会议各代表团的先后次序应该依据国家技术监督局有关各省市自治区排列顺序的规定。

②按代表团、小组、单位名称的笔画确定，首字笔画数相同的，根据第二字的笔画数确定，依次类推。

③按代表团小组单位名称的汉语拼音字母顺序来确定，首字母相同的根据第二个字母确定，依次类推。

④国际会议则按与会国家英文名称的首字母顺序排列，首字母相同的，根据第二个字母确定，依次类推。

⑤根据协商达成的约定排列。

(2) 确定团组具体座区的方法。

①横向排列法。即把每个代表团、小组、单位的坐席从前向后排成纵向的一列，按组别顺序以代表坐席的朝向为准，从左到右依次横向排列。

②纵向排列法。即把每个代表团、小组、单位的坐席排成横向的一行，然后再按团组顺序由前向后纵向排列。

③左右排列法。即把每个代表团、小组、单位的坐席安排成纵向的一列，再以会场的中心线为基点，将顺序在前的排在中间位置，然后先左后右一左一右向两侧横向交错扩展排列其他团组。

④纵横排列法。当会议规模和会场较大、团组数量和会议人数较多时，如单纯按上述方法排列，可能会出现一个团组的代表座位排得过于横宽或狭长的现象，使得各团组内的相互联系很不方便。这时可先将会场从前向后和从左到右分成若干个大的矩形座区，再按团组顺序先横后纵或先纵后横依次排列，使每个团组的座区相对集中。

3. 按代表资格和团组顺序混合排列

如参加会议的代表具有不同的资格，又分成若干团组，则应当先按与会者的资格划分和排列座区，在相同的资格中，再按团组排列先后次序。常见座位排列方法有以下五种。

(1) 按职务高低排列。

(2) 按姓氏笔画排列。

(3) 按上级批复或任命通知中的名单次序排列。

(4) 各单位派代表参加时，可按所代表的单位名称笔画排列。

(5) 会议代表的职务高低不同，也可先按职务高低排列，在相同职务的代表中再按单位名称笔画排列。

座位次序排定后，具体座位的安排可参照确定团组具体座区的方法。

五、如何布置主席台

主席台布置在整个会场布置工作中占有突出的地位，因此应当高度重视。主席台的布置必须要同整个会场布置相协调。会场气氛的许多方面如会标、会徽、画像、旗帜、花卉等，首先应当从主席台布置中体现出来。除此以外，还要考虑以下五个方面。

1. 主席台的座位格局

主席台的座位格局一般都采取横式，应根据主席台上就座的人数多少来确定主席台的长短和排数。除前排必须通栏外，后排有时也可分成两栏，中间留出通道。主席台上每排桌椅之间要空开适当的距离，以方便入席与退席。主席台前排的每个座位都应装有话筒，便于领导人讲话、插话。

2. 主席台的座次安排

一般为主办方身份最高者居中，其他与会者按身份高低一右一左、先右后左两边排开。

（1）严格按照会议领导机构事先确定的名单次序安排座次，不得擅自改变。

（2）身份最高的领导人或声望较高的来宾，安排于主席台前排中央就座。

（3）其他领导人按先左后右（以主席台的朝向为准）、一左一右的顺序排列，即以名单上第一位领导人（居中）为准，其左侧是第二位领导人，右侧是第三位领导人，依次排列。

（4）主席台上就座的人数为偶数时，前两位领导人共同居中就座，第一位领导人坐在第二位领导人的左侧。

（5）主持人的座次按其身份高低安排。

3. 讲台

设置专门的讲台，有助于突出报告人的地位，体现会议气氛的庄严和隆重。因此，重要的代表大会、报告会等均需设置专门的讲台。

一般情况下，讲台只设一个，可设在中央，也可设在主席台右侧。设在中央的，位置应低于主席台，以免报告人挡住主席台上领导人的视线，较大的会场也可在主席台的两侧设置讲台，以方便代表上台发言。

一些特殊的会议，如辩论会、记者招待会等可不设主席台，只设两个讲台。

4. 揭幕架

会议活动如穿插揭幕仪式（如揭碑、揭牌、揭像等），可在主席台的左侧设揭幕架，与讲台对称，揭幕架上放置所要揭幕的碑、牌、像等，上面用合适的丝绒罩住。

5. 休息室

重要大型会议的主席台旁应设有休息室，其作用有两个：一是便于领导人到达时进行集中，依次入场；二是便于领导人休会时在此进行休息和谈话。

六、如何进行座位标识

座位标识是指引导与会者就座的各种标志。座位标识的种类和具体标识方法有以下六种。

1. 座位号标识

大型的固定会场要有座位号标识，一般为楼层、区号（可用序码编号，如1

号区、2号区)、排号、座位号(一般分为单数号和双数号)。

2. 团组标识

它是指一个代表团或小组的座位区域,可以制作落地指示牌,上书代表团或小组名称,置于该团组首座的前方或两侧;或制成台式标志,放置在该团组首座的桌面上。分座区时要把首长席、正式代表、列席代表、来宾席、旁听席、记者席用标志进行明确区分。

3. 席卡

它是指每个与会者桌上放置的写有姓名的标牌,也叫作名签。席卡通常两面书写姓名,一面朝外,一面朝向与会者自己。这样既便于与会者寻找自己的位置,又方便相互辨认、结识,如果与会者是某个国家或组织的代表,也可以用中外文两种文字书写国名或组织的名称。如果是大型会议,就在主席台上放置席卡,而台下一般只放置团组标识。

4. 桌次

采用分散式座位格局的会场,如举行宴会、联欢会的现场,要用序号来标识桌次。

5. 指示牌

在较大的会场,为了方便与会者寻找座位,要在会场门口和场内悬挂或放置指示牌,指明各座区的方位。

6. 座次图

它是指事先印制全场或主席台的座位分布及具体座次的图表,使每位与会者心中有数。座次图也可张贴或悬挂于会场入口处,主席台的座次图则悬挂在休息室。

座位标识实际上是座位格局安排的符号标志,尤其是对主席台领导人座次高低的体现,因此要准确体现座位格局安排的意图。布置座位标识时,要认真、仔细,绝对不能出现书写错误或放置错误的情况。

七、会标的制作与悬挂要求

会标是以会议名称为主要内容的会议信息的文字性标志,如揭示会议主题、性质、主办者等,它可直接显示会议名称的诸项功能,也可展现会议的庄重性、激发与会者的参与感。会标制作和悬挂的要求如下。

1. 与会议的主题一致

会标的格调是由色彩、字体、构图、材质等因素综合构成的。会议的性质和主题决定会标的格调,如代表大会的会标格调应当凝重,联欢会的会标格调应当活泼。

2. 内容简洁明了

会标主要表现会议的名称，如会议名称较为简洁，也可以在会议名称下面标出会议的主办方、承办方、赞助方以及会议的时间、地点。

3. 悬挂要醒目

会标应当醒目，具有视觉冲击力，给人以深刻的印象。会标一般以醒目的横幅形式悬挂于主席台上方的沿口或布景板上，或用计算机软件制成幻灯图片，映射于屏幕上。

八、会徽的悬挂

会徽即体现或象征会议精神的图案性标志，一般悬挂在主席台的屏幕中央，形成会场的视觉中心，具有较强的感染和激励作用，一般来说，会徽有两种来源：

一种是以本组织的徽志作为会徽，如党徽、国徽、团徽、警徽，等等。

另一种是向社会公开征集会徽的设计方案，选择最能体现或象征会议精神的图案作为会徽。

九、旗帜的升挂

隆重的会议宜在主席台及会场内外升挂一些旗帜，以烘托会议气氛。

1. 同时升挂中华人民共和国国旗与外国国旗的场合

（1）外国元首、副元首，政府首脑、副首脑，议长、副议长，外交部部长、国防部长，总司令或总参谋长，率领政府代表团的正部长，国家元首派遣的特使等来访时，在重大礼仪活动场所，如欢迎仪式、欢迎宴会、正式会谈、签字仪式，以及其住所和交通工具上可以升挂中华人民共和国国旗和来访国国旗。

（2）国际集约、重要协定的签字仪式、国际会议、文化体育活动、展览会、博览会，可以同时升挂中华人民共和国国旗和有关国家的国旗。

（3）外国政府经济援助项目以及外商投资企业的奠基、开业、落成典礼和重大庆祝活动，可以同时升挂中华人民共和国国旗和有关国家的国旗。

（4）民间团体在双边和多边交往中举行重大庆祝活动时，可以同时升挂中华人民共和国国旗和有关国家的国旗。

2. 升挂国旗的规则

（1）旗幅一致。

中华人民共和国国旗与外国国旗并挂时，各国国旗应按照规定的比例制作，尽量做到国旗的面积大体相等。

（2）主左客右。

在中国境内举办双边活动需升挂中华人民共和国国旗和外国国旗时，凡中方主办的活动，外国国旗置于下首（右侧）；对方举办的活动，则外国国旗置于上首。即以旗的正面为准，右方挂客方国旗，左方挂主方国旗。这里所谓的主方和客方，不是以活动在哪个国家举行为依据，而是以由谁举办活动为依据。例如，东道国举行欢迎宴会，东道国为主方；与会国举行答谢宴会，与会国为主方。

轿车上升挂国旗，在驾驶员左手边挂主方国旗，右手边挂客方国旗。

（3）不能倒挂或任意竖挂、反挂国旗。

悬挂国旗一般应以国旗的正面面向观众，不能随意交叉悬挂或竖挂，更不得倒挂。有的国家规定，国旗如需竖挂，必须另外制旗，将图案或文字转正，如不加注意随便竖挂，会产生外交麻烦。

（4）在中国境内，多国国旗并挂时，旗杆高度应该统一，但中华人民共和国国旗应置于荣誉地位。

①一列并挂时，以旗面面向观众为准，中华人民共和国国旗在最右方。

②单行排列时，中华人民共和国国旗在最前面；弧形或从中间往两边排列时，中华人民共和国国旗在中心。

③圆形排列时，中华人民共和国国旗在主席台或主入口对面的中心位置。

④升挂时，必须先升中华人民共和国国旗；降落时，最后降中华人民共和国国旗。

气氛庄严的会议，如党代表大会、人民代表大会等，在主席台上要以红旗衬托会徽；气氛热烈的会议，如庆功会、表彰会、开工仪式等，可用彩旗进行会场布置。

十、标语的制作要求

把会议口号用醒目的书面形式张贴或悬挂起来，即成为会议的标语。会议标语能直接弘扬会议主题，具有显著的宣传效果。会场内外适当的标语同样可以起到烘托会议主题、渲染会议气氛、影响与会者情绪的作用。会议标语的制作应当做到以下几点。

1. 切合主题

标语口号是为宣传会议主题服务的，内容一定要切合主题，体现会议的目标。

2. 号召力强

标语口号要有强烈的鼓动性，最好使与会者看了之后精神为之一振，并产生将口号付诸行动的愿望。

3. 简洁工整

实践证明,简洁的标语更能引起与会者的注意,也更便于记忆和流传。此外,标语口号也要尽可能工整,使之朗朗上口,这有助于扩大会议的社会影响力。

十一、如何把握会场的整体色彩与色调

不同的色彩与色调能对人产生不同的心理暗示。比如红、橙、黄等颜色给人以热烈、辉煌、兴奋的感觉;青、绿、蓝等颜色给人以清爽、娴静的感觉。因此,时间较长的会议,会场可用绿色、蓝色的窗帘,布置绿色、蓝色的花草、树木等,以消除与会者的疲劳。

代表大会、表彰大会、庆祝大会,会场的色调布置要鲜亮醒目一些,以显示热烈、庄严、喜庆的气氛,如在主席台摆一些五彩缤纷的鲜花,两侧排列鲜艳的红旗,周围悬挂一些红底黄字的标语。

十二、会场灯光的要求

灯光亮度的强、弱、明、暗及颜色,会给会场带来不同的视觉效果。灯光布置要注意以下四个问题。

1. 选择合适的灯具

一般情况下,宜使用白炽灯和日光灯作为会场的照明光源;演出用照明一般使用下射式照明灯。

2. 掌握光线亮度的比例

由于主席台是会场的中心区域,其照射光线的亮度应当比主席台下稍强,以突出主席台的地位。但为了主席台的领导随时了解台下的情况和反应,台上台下的光线反差不能太大,这一点与舞台演出时的灯光布置有明显的区别。

3. 控制好灯光的入射角度

如天幕的光线不能太亮,否则会使主席台处于逆光之中,造成主席台上面的领导人正面形象模糊,同时也容易使主席台下与会者视觉疲劳。一般不要开启低角度光源,因为低角度光源会改变甚至夸大人物形象。

4. 安排大型照明装置

如果会议规模较大,规格又高,就需要使用大型照明装置了。应考虑选择一个大一点的场所,或者在大饭店,或者选择专门的会议中心。在这种场地中一般

可以安排大型照明装置，或者场地本身就已有这类装置了。

十三、地毯的铺设原则

地毯的铺设，旨在强调审美功能和艺术性，应根据室内空间的特点，综合考虑家具、陈设等因素，使地毯的铺设起到烘托室内气氛的作用。

1. 图案原则

地毯的图案，有素花的、散点状的、几何纹的、网形的、植物纹样的，等等。

会议室地毯的图案宜平稳、安静，色彩和图案纹样不宜太花太杂。在铺设的时候，要考虑会议中的礼仪规格、室内的功能要求等因素。

地毯的图案一般不宜选用严肃的主题或标志，也切忌选用凹凸重叠、起伏感突出或对比强烈的色彩和图案纹样，以免给与会者造成不安定的感觉。

2. 颜色原则

一般红色或金黄色的地毯使会议室显得富丽堂皇，驼色和米色的地毯使会议室显得幽静、典雅，给人以安静、恬适之感。

会议室地毯的颜色与会议室的朝向也有关系：朝东南方向的会议室，采光面积大，最好选用冷色调地毯；朝西北方向的会议室，则选用暖色调地毯比较好，这样可以为会议室内阴冷的环境增添温暖的感觉。

3. 铺设原则

地毯的铺设，有满铺和局部铺设两种形式。满铺的规格要求较高，在会议室一般采用满铺形式；而局部铺设只是把一部分地面铺上地毯，不适用于正式场合。

十四、窗帘的选择

窗帘能调和室内因家具或墙面等直线多的物体产生的生硬感，使呆板的立面产生活泼起伏的曲线美。窗帘既是实用品，又是装饰品，如果在会议室内装饰适当，往往会起到"画龙点睛"的作用。

1. 类型选择

窗帘具有遮光、调节光线强弱和阻避户外视线的功用，它增加了会议室内的保密性与安全感。窗帘样式有落地窗帘、半窗帘和全窗帘等多种类型。

落地窗帘是多与大型窗及落地长窗相配合的大型窗帘。气势宏大，使室内显得豪华、庄重与气派。

半窗帘开闭方便，一般安置于窗户的下半部分或横扁形窗户。

全窗帘实用、经济、大方，是会议车常用的窗帘类型。

有的会议室窗户较小，窗帘可以配套安装，配备主窗帘和副窗帘。主窗帘应设单、棉两种。冬季可悬挂稍厚的窗帘，如加了衬里的丝绒类窗帘，以利于保温、隔寒；夏季则可悬挂轻薄、透气性良好的织物类窗帘。

2. 颜色选择

为会议室选择窗帘前应参考室内装饰色彩的主调，如淡奶黄色墙面适宜配棕色窗帘，湖绿色墙面配浅绿色窗帘，乳白色墙面适宜配浅红色、浅绿色或白色窗帘。

如墙面大、窗户小，用对比色，如红与绿、黄与紫等，也能得到协调效果，但对比不宜过于强烈。过于强烈的色彩对比给人以杂乱之感。

在同一会议室内，最好选用同一色彩和花纹的窗帘，以保持整体美感。

3. 尺寸选择

窗帘的尺寸选择，其长度应长于窗台20～30厘米为宜，以免被风吹起，露出窗框。若两扇窗相隔太远，则可以通过两块窗帘将窗连成一个整体。

选用落地窗帘则应高出地板3厘米左右，其宽度可按窗口宽度乘以1.5～2厘米来计算。

十五、会场中的花卉布置

1. 报告桌上

报告桌是会议主持人或报告人所在位置，是整个会场的焦点。但桌上只宜摆放一盆较小的盆花，或将花卉摆设在报告人的左方桌上，以免遮挡视线。但多数采取桌上不设花盆，而在报告桌或台的前面放几盆高度为报告台三分之一至二分之一的花卉，将报告台衬托得更为醒目。

2. 主席台前

主席台前一般布置一行低矮（高度约30厘米）的垂吊观叶植物（如天冬草），并加入直立型的观花植物（如月季绣球、旱金莲等），与天冬草相间摆放，使主席台前既富有生气，又不致过于呆板。

3. 主席台后

主席台后，一般摆放较高大的观叶植物，如棕榈、南洋杉、龙柏、大叶黄柏等，以规则的方式排列，摆放密度不宜过大，应使墙壁或帷幕稍露出为宜。如帷幕颜色极深时，宜选择叶色较浅的植物或观花植物，如海桐（白花）、扶桑等。不论采用哪种花，其高度均应高于台上站立的人，使花与人融为一体。

4. 会场四周

会场的四角可布置较高的观叶植物，也可利用几架布置观花、观果、芳香或垂吊植物，如一品红、山香园、米兰悬崖菊等，其高度、大小应根据会场四角的具体条件来定。

会场两边的窗台的高度如在人的平视视线中，也可布置一些观叶或观花植物，其高度、大小视窗台的高矮、宽窄而定。

另外，切合主题的花卉布置也很关键，例如过圣诞节可以加上一棵高大的圣诞树和一些圣诞花，再配上一些精美的彩带和气球，这样整个会场也会很有气氛。

十六、工艺品分类及其陈设原则

（一）工艺品分类

会议室内环境的美化，离不开工艺品的陪衬和烘托。室内工艺品陈设可以分为两类：

一类是实用工艺品，如陶器、瓷器、玻璃器皿，等等。

一类是观赏工艺品，如书画、挂盘，还有牙雕、木雕等雕刻作品。

（二）工艺品陈设原则

会议室内工艺品陈设要遵循以下五个原则。

（1）呼应会议主题。

观赏品的陈设，一定要讲究室内整体装饰风格的和谐，使它们的造型、色彩、质感等因素能与墙面、家具、窗帘等的格调相协调，并能呼应会议主题。

（2）观赏品的陈设宜少而精，宁缺毋滥。

（3）配置工艺品时，要紧密结合室内功能特点。

（4）要讲究构图章法。符合形式美的基本原理，注意均衡、匀称、对比、多样、统一等效果。

（5）要注意视觉效果。观赏品陈设要注意视觉效果，包括考虑与会者的站立位置和视野范围等。应把重点工艺品放到与会者视线的焦点上，其高度要与观赏者视线相平；陈设部位要避免大片阴影，以保证与会者能仔细品味。

十七、门厅、入口大厅和过厅的布置艺术

门厅、入口大厅和过厅是会议建筑物的重要部分，是给与会者产生第一印象的重要空间，这几处空间的布置要遵循以下四个原则。

（1）厅内陈设适宜采用有大画面（背景）效果的绿化或艺术品陈设。一些经过精雕细刻、内涵丰富的艺术品不适宜在此处陈设，以免因吸引与会者停留观

赏而造成人员拥挤。

（2）入口大厅布置应明亮舒适，给人以亲切、宜人、美好的感觉。

（3）门厅、入口大厅的家具，适宜摆一些沙发。沙发在休息区域内成组地排列组合，放置于门厅的中心或一侧，可以采取不同形式，但都要以不妨碍交通并与门厅大空间相协调为前提。

（4）过厅布置力求简洁，墙角适当布置一些盆景，略做点缀，为平凡的过厅增添一点韵味。

任务二　常见会议的礼仪

一、一般会议过程礼仪

1. 筹备会议

举行会议，必须先行确定其主题（包括会议名称）。这是会前有关领导集体已经确定了的。负责筹备会议的工作人员，则应围绕会议主题，将领导议定的会议规模、时间、议程等组织落实。通常要组成专门工作组，明确分工，责任到人。

2. 拟发通知

按照常规，举行会议均应提前向与会者下发会议通知。它是指由会议的主办单位发给所有与会单位或全体与会者的书面文件，同时还包括向有关单位或嘉宾发的邀请函件。礼仪人员在这方面主要应做好两件事。

（1）拟好通知。会议通知一般应由标题、主题、会期、出席对象、报到时间、报到地点以及与会要求七项要点组成。拟写通知时，应保证其完整而规范。

（2）及时送达。下发会议通知，应设法保证其及时送达，不得耽搁和延误。

3. 起草文件

会议中所使用的各种文件材料，一般应在会议开始前准备妥当。需要认真准备的会议文件主要有会议的议程、开幕词、闭幕词、主题报告、大会决议典型材料、背景介绍等，有的文件应在与会者报到时就下发。

4. 常规性准备

负责会务工作时，往往有必要对一些会议所涉及的具体细节做好充分的准备。

（1）做好会场的布置。对于会议举行的场地要有所选择，对于会场的桌椅要根据需要做好安排，对于开会时所需要的各种音响、照明、投影、摄像、摄影、录音、空调设备等，应提前进行调试检查。

（2）根据会议的规定，与外界搞好沟通。比如向有关新闻部门、公安保卫部门进行通报。

（3）会议用品的采购。有时，一些会议用品，如纸张、本册、笔具、文件夹、席卡、座位签以及饮料、音像等用具，还需要补充采购。

5. 会场排座

举行会议时，通常应事先排定与会者，尤其是其中重要身份者的具体座次。越是重要的会议，它的座次排定往往就越受到社会各界的关注。对有关会场排座的礼仪规范，礼仪人员不但需要有所了解，而且必须认真遵守。在实际操办会议时，由于会议的具体规模不同，因此其具体的座次排定便存在一定的差异。

（1）小型会议。

它一般指参加者较少、规模不大的会议。它的主要特征是全体与会者均应排座，不设立专用的主席台。小型会议的排座，目前主要有以下三种形式。

①自由择座。它的基本做法是不排定固定的具体座次，而由全体与会者完全自由地选择座位就座。

②面门设座。一般以面对会议室正门之位为会议主席之座。其他的与会者可在其两侧自左而右地依次就座。

③依景设座。所谓依景设座，是指会议主席的具体位置，不必面对会议室正门，而是应当背靠会议室内的主要景致，如字画、讲台等。其他与会者的排座，则略同于前者。

（2）大型会议。

它一般是指与会者众多、规模较大的会议。其最大特点是，会场上应分设主席台与群众席。对于前者，必须认真排座，而对于后者的座次，则可排可不排。

①主席台排座。

大型会场的主席台，一般应面对会场主入口、在主席台上就座的与会者，通常应当与在群众席上的就座之人呈面对面之势。在每名与会者面前的桌上均应放置双向的席卡。

主席台排座，具体又可分为主席团排座、主持人坐席、发言人席位三个不同方面。

主席团排座。国内目前排定主席团位次的基本规则有：一是前排高于后排，二是中央高于两侧，三是左侧高于右侧。

主持人坐席。一是居于前排正中央；二是居于前排的两侧；三是按其具体身份排座，但应就座于前排。

发言人席位。又称讲坛。它是指人们在会议上正式发言时所处的位置。在大型、正式会议上，发言者发言时不应坐而不起，其常规位置有二：要么是主席团正前方，要么则是主席台右前方。

②群众席排座。

在大型政务会议上，主席台之下的一切坐席均称为群众席。群众席的具体排座方式有两种：

自由式择座，即不进行统一安排，而由大家各自择位而坐。

按单位就座，指的是与会者在群众席上按单位、部门或者地位、行业就座。它的具体依据，既可以是与会单位部门的汉字笔画的多少、汉语拼音字母的前后，也可以是其平时约定俗成的序列。按单位就座时，若分为前排后排，一般以前排为高，以后排为低；若分为不同楼层，则楼层越高，排序便越低。在同一楼层排座时，又有两种普遍通行的方式：一是以面对主席台为基准，自前往后进行横排，二是以面对主席台为基准，自左而右进行竖排。

6. 例行服务

会议举行期间，一般应安排专人在会场内外负责迎送、引导、陪同与会者，对与会的贵宾以及老、弱、病、残、孕者，少数民族及宗教界人士、港澳台同胞、海外华人和外国人，往往还须进行重点照顾，对于与会者的正当要求，应有求必应。

7. 会议签到

为掌握到会人数，严肃会议纪律，通常要求与会者在入场时签名报到。会议签到的通行方式有三种：一是签名报到，二是交券报到，三是刷卡报到。负责此项的礼仪人员，应及时向会议的负责人进行通报。

8. 餐饮安排

举行较长时间的会议，一般会为与会者安排会间的工作餐。与此同时，还应为与会者提供饮料。会上所提供的饮料，最好便于与会者自助饮用，不提倡为其频频斟茶续水。这样做往往既不卫生也不安全，又有可能妨碍对方开会。如果必要，还应为外来的与会者在住宿、交通方面提供力所能及、符合规定的方便条件。

9. 安排发言

大会发言要事先确定人选和秩序，秘书处可以对人选和秩序提出初步意见，请领导确定。确定发言人应注意做到三个平衡。

（1）领导人之间的平衡。对上一级领导或主要领导的发言，如果是开幕词，且是动员性的、启发性的，应将领导安排在第一位进行发言；如果是总结性的、综合性的，则将领导安排在最后发言；如果是讨论发言、座谈发言，应将领导交叉安排座位，以使会场气氛更生动活泼。

（2）单位平衡。发言单位的选择，应首先注意典型性，其次才照顾各单位之间的平衡。

（3）内容平衡。发言人的发言内容应都是围绕着一个主题内容。将拥有不同内容的发言人安排在一起不便于集中思考和会后讨论，因而效果不好。如内容相同，可以安排一个人发言。

10. 现场记录

凡是会议均应进行现场记录，其具体记录方式有笔记、打印、录入、录音、录像等。可单独采用某一种，也可交叉使用。

负责手写会议记录时，对会议名称、出席人数、时间地点、发言内容、讨论事项、表决选举等基本内容的记录要力求做到完整、准确、清晰。

11. 编写简报

一般来说，往往在会议期间要编写会议简报。编写会议简报的基本要求是快、准、简。快，是要求其讲究时效；准，是要求其准确无误；简，则是要求其文字精练。

12. 主宾合影

会议后可安排与会者合影，以进一步表示友好，亦可留作纪念。合影要事先设计好参加合影人员的位置图，合影时由工作人员引导宾主双方按预定位置站好。接见下级代表时的合影，领导人的座位上可事先贴上姓名。合影位置的设计要考虑以下四点。

（1）主人居中，主宾居主人之右，第二主宾或主宾夫人居主人之左。如合影人数为双数，则主人居左，主宾居右。

（2）宾主双方其他人员按身份高低相间排列。

（3）内端由主方人员把边。如果主客双方交叉排列出现客方人员把边的情况，应当将两端主客双方人员的位置对换；合影人数较少时，则不必如此。

（4）接见下级代表时的合影，领导人应坐前排，身份最高者居中，其他领导人先左后右向两边排开。合影人数较多时，应准备阶梯型合影架，使后排高于前排。

13. 会后工作

会议结束后，应做好必要的后续性工作，以便使之有始有终。后续性工作大致包括以下三项内容。

（1）形成文件。这些文件包括会议决议、会议纪要等，一般要求尽快形成，会议一结束就要下发或公布。

（2）处理材料。根据工作需要与有关保密制度的规定，在会议结束后应对一切有关的图文、声像材料进行细致的收集、整理工作。收集整理会议的材料时，应遵守规定与惯例，应该汇总的材料，一定要认真汇总；应该存档的材料，一定要归档；应该回收的材料，一定要如数收回；应该销毁的材料，则一定要仔细销毁。

(3) 协助返程。会议结束后，其主办单位一般应为外来的与会者提供返程的便利条件。若有必要，应主动为与会者联络、提供交通工具，或是帮与会者订购、确认返程的机票、船票、车票。当团队与会者或与会的特殊人士离开本地时，还可安排专人为其送行，并帮助其托运行李。

二、听证会

听证会是立法或行政主体在职权范围内就特定问题听取有关人士或组织代表意见或作证的会议。听证会实务要点如下：

1. 确定听证内容与发布公告

听证内容即听证会的主要议题。在我国，听证内容有两个方面：一是征求对某项法案（包括法律、法规和规章）的意见；二是征求对某项行政决策的意见。

一般情况下，听证会是公开举行的，因此听证内容确定后，听证人应当向社会发布公告，公告的内容包括：

(1) 听证的目的。

(2) 提案人和提案的内容，必要时可将提案文本公布。

(3) 听证会的规模、听证参加人的范围、名额分配和条件。

(4) 听证参加人的报名方法、截止日期、遴选程序。

(5) 听证会举行的时间和地点（时间和地点也可另行公告）。

(6) 听证人名称和公告日期。

2. 遴选听证参加人

遴选听证参加人的过程包括：

(1) 接受报名，分类登记。

(2) 确定参加听证人名单以及旁听人名单。

(3) 发出通知，必要时将听证参加人名单向社会公布。

3. 布置会场

听证会场的基本格局一般应为全围式或半围式，但应突出听证人的中心位置。发言人在前排就座，周围可设旁听席和记者席。会场正面可设会标，会场装饰要简朴。

4. 听证会程序

听证会主要程序包括以下六方面内容。

(1) 主持人宣布听证会开始，说明听证会的目的和法律法规依据，介绍参加听证人的组成及人数，宣布会议注意事项和发言的规则。

(2) 提案人介绍法案或决策方案。

(3) 听证参加人宣读对法案或决策方案的初审意见。

（4）听证会代表发言。

（5）提案人最后陈述意见。

（6）主持人做听证会总结。

由于听证会代表各自的观点、立场和利益诉求不同，会上难免会发生争辩，有的听证会代表会延长发言时间或要求多次发言，因此，主持人一定要善于控制会议进程，适时运用会议规则进行调节，要保护健康合理的辩论，尽可能让每个听证会代表都能发表意见。

5. 做好会议记录

听证会记录是形成听证报告的基础，记录得全面与否关系到报告能否全面反映参加听证代表的意见，因此，一定要安排足够的记录人员。记录人员的座位安排要合理，使他们能听清每个人的发言。

在听证会结束前，主持人应要求发言人会后留下，核查自己的发言记录，经其确认后签署姓名。如果发言人有发言稿，可请其留下发言稿，附在会议记录后面，一起归档。

6. 形成听证报告

听证会结束后，工作人员根据会议记录撰写听证报告，上报听证机关领导，作为立法或决策时的参考，听证报告的格式大致如下。

（1）标题。由听证会名称和报告组成，如"2006年铁路春运列车价格听证报告"。

（2）开头。记录听证会的目的、内容、听证人、听证参加人的范围和人数、时间、地点、发言人数等情况，要求简明扼要。

（3）主体。主体部分要按发言者的观点进行分类，分若干层次表述。每一观点都要列举发言内容，并说明发言人姓名。

（4）小结。听证报告的最后要对本次听证会进行小结，提出意见，供立法会议或决策会议参考。

三、报告会

报告会就是请专人做报告的会议。报告会内容不同，具体名称也不同，可分为学术报告会、形势报告会、事迹报告会等。报告会实务要点如下。

1. 确定报告内容和选择报告人

一般应先确定报告内容，然后根据内容再选择合适的报告人。报告人要选择在某一领域具有深厚造诣的专家、学者，或在本专业领域具有独到体会的人士。报告人要口齿清楚，能够胜任大会报告的工作。

2. 邀请报告人

报告内容与报告人确定后要通过适当的渠道对报告人发出邀请。邀请时要将举办报告会的目的、参加对象和会场的设置方式告知对方，以便报告人能够事先了解报告要求和报告对象，掌握好报告分寸。

3. 安排好会场

报告会一般安排成上下对应式座位格局，也可布置成半围式格局，主席台上放置讲台，突出报告人的地位。时间较长的报告会，也可不设讲台，报告人坐在自己的位置上做报告。

主席台上方或背景处要悬挂会标；要根据报告人的要求安装必要的设备，如扩音机、投影仪、计算机等。

4. 介绍报告人

会议开始后，主持人应对报告人做必要的介绍，并对其表示欢迎和感谢。

5. 回答提问

报告人回答现场提问时，主持人要控制好局面。

如果报告会采用录音记录的方式进行，或会后需发放会议记录，要事先征得报告人同意。

四、办公会

办公会是特定组织的领导人为实施管理而举行的工作性例会。其实务要点如下。

1. 收集议题

由于办公会是定期举行的，每次办公会之前要先收集必须在会上讨论解决或沟通的事项。议题收集工作可由办公室负责，收集的对象主要有：向领导班子成员收集，请他们提出议题；向各职能部门收集，看其有没有需要通过上一级办公会议解决的问题；向下级机关收集，包括下级机关的请示、报告以及需要提请审议的事项等。

2. 协调议题

议题收集之后，还要注意对议题进行协调，议提的协调工作可以分为三个层次进行。

（1）凡拟在办公会议上讨论的议题，一律请主办部门与有关部门先行协调，使各方达成共识。

（2）有些问题，部门之间一时难以协调，可请分管领导批示，提出意见，批转有关部门负责人进行协调。对一些比较复杂、意见分歧较大的问题，建议分管领导负责直接出面协调。协调意见基本一致的，提请办公会议讨论、决定；意见仍不一致的，由负责协调的领导人提出倾向性意见，供办公会议决策时参考之用。

3. 准备好会议文件

办公会上要讨论的文件应在办公会开始之前印好并装订好，并按领导人数量分装。需仔细研究的文件，要在会前分发。

4. 安排好候会

办公会议讨论的问题较多，会议列席人员有时也较多，为了防止会议内容交叉扩散，会议秘书要估算每项议程大致所花的时间，提前通知相关列席人员在附近的休息室等候。

5. 做好办公会议记录与会议纪要

办公会议记录是形成会议纪要的依据，也是会议情况的原始真实的反映，会议秘书要聚精会神地做好记录。

办公会议纪要是记载会议议定事项的结果性文件，会议秘书要根据会议记录认真起草，经主要领导签发后，印发给有关部门贯彻执行。

五、学术研讨会

以学术研究为宗旨，相互切磋、交流的会议称为学术研讨会，其实务要点如下。

1. 会前预告

召开学术研讨会之前要先发出预告性通知或论文征集通知。预告性通知的内容主要包括以下五个方面。

（1）会议的目的。

（2）介绍研讨的主题和具体课题。

（3）提出提交论文的要求、方法和时限。

（4）会议的大致安排等。

（5）预告性通知要附回执或报名表。

2. 审定论文、确定参加对象

为保证学术研讨会的质量，要对收到的论文进行综合审定，根据会议的规模，本着学术公正的原则层层遴选，最后确定参加会议的对象。可以建立学术委员会，专门负责论文的审定。

3. 发出正式通知

参加对象确定后，要及时发出正式会议通知。学术研讨会通知的名称以"邀请函"或"邀请信"为宜。通知中要告知参加对象开会的具体时间和地点以及报到接待的方式等内容。

4. 布置会场

学术会议的会场布置应简朴、典雅,能够为学术交流提供技术保障。主席台布置应当突出报告人的地位。如需进行分组讨论,要事先安排好分会场。

5. 印发会议通信录

学术研讨会期间,为方便在会议结束后代表们相互联系和交流,同时也为留作纪念,会务工作机构要及时为每位代表印发会议通信录。

6. 汇编论文集

编好会议论文集,既能使会议成果集中体现,又能为进一步的研究提供学术资料,有时还可正式出版。

六、新闻发布会

新闻发布会(发布会),也称记者招待会。这是一种主动传播各类有关信息,谋求新闻界对某一社会组织或某一活动、事件进行客观而公正的报道的有效沟通方式。

新闻发布会工作的准备比较烦琐,一般包括主题的确定、场地和时间的选择、记者的邀请、来宾的确定、会议材料的准备等具体工作。做好新闻发布会的会前准备,可以保障其顺利进行,最大限度地减少突发事件的发生。

1. 主题的确定

召开一次新闻发布会,首先应确定主题,主题确定得是否恰当,往往直接关系到预期目标能否实现。常见新闻发布会的主题大致有两种类型。

(1)说明性主题:如企业新产品的推介以及企业的经营方针和新思路的确立,特别是重大人事变动,等等。

(2)解释性主题:如企业产品出现了质量问题,企业惹上了官司,企业出现了重大事故或引起市民的种种猜测,等等。

主办单位可根据具体情况确定好新闻发布会的相关主题。新闻发言稿要言简意赅,因为许多媒体会直接引用新闻发布会散发的材料;同时,要特别注意文字的连贯、逻辑的严谨和意义的完整,不要让人产生误解。

2. 时间的选定

时间选择得是否理想,对新闻发布会的效果有着重要影响,选定时间时要注意以下五个方面。

(1)避开节日与假日。

(2) 避免与本地重大社会活动相冲突。
(3) 防止与新闻界的重点宣传报道"撞车"。
(4) 防止与重要来宾（主要是权威部门的领导）的时间安排相冲突。
(5) 避开其他单位的新闻发布会。

但有些突发事件，由于时效性极强，拖延时间举行新闻发布会可能会失去意义，因此，这类新闻发布会应抢时间，在掌握了事情真相的前提下，要马上组织召开新闻发布会。有些新闻是一点点地水落石出的，那么，就要召开连续的新闻发布会来追踪事件的发展过程。

3. 确定举行地点

新闻发布会举行的地点，可以考虑本单位所在地、事件的发生地、当地较有名气的宾馆或会议厅，也可以考虑十分庄重的场地，如人民大会堂，等等。

新闻发布会的现场还应考虑交通是否方便、采访条件是否优越、音响效果和录像设备是否完好、座位是否够用等因素。

4. 确定邀请记者的范围

新闻发布会主要是面向新闻记者发布消息，所以记者是主宾。邀请哪些记者参加应根据新闻发布会的性质而定。如果是为了扩大影响和知名度，可以多种类、多层次地广邀记者参加；如果只在一定范围内进行宣传、解释，则邀请范围可缩小些。

邀请的记者名单确定后，应提前三到四天将请柬或邀请信送到新闻单位或记者本人手中，并及时利用电话联系，落实记者的出席情况。因为有些记者临时有别的事情，媒体一般会派其他记者来，这样就得做好衔接工作。有时，记者需要单位派车去接送。这类细节都要事先了解到并做出相应的安排。

5. 人员的选定

新闻发布会上主持人、发言人的选择非常重要，选择得是否得当，往往直接关系到新闻发布会的成败。因此，新闻发布会的主持人大都由主办单位的公关部部长、宣传部部长、办公室主任或秘书长担任，而且此人应该仪表堂堂、反应灵敏、语言流畅、善于把握大局、善于引导提问方向、对主持新闻发布会有丰富的经验。

而发言人通常由本单位的领导人（主管领导、直接领导或单位一把手）担任，因为领导人对本单位的方针、政策及各方面情况比较了解，他们回答记者提问更具有权威性。发言人应具有思想修养好、学识渊博、思维敏捷、能言善辩等特长。

此外，还要挑选些本公司的员工负责现场的礼仪接待工作，最好选择素质较高的青年男女。

6. 准备会议材料

新闻发布会前，主办单位通常安排专人准备好以下四个方面的主要材料。

（1）发言人的发言稿。它既要紧扣主题，又要全面、准确、真实、生动。

（2）回答提纲。为了使发言人在现场回答问题时表现自如，可事先预测一下记者将要问到的问题，并准备好答案，以使发言人心中有数，在必要时可以参考回答提纲。

（3）报道提纲。一个单位召开新闻发布会总有自己的宣传目的。因此，可以事先将报道重点、有关数据、资料编印出来，作为记者采访报道的参考资料，在报道提纲上通常应列出单位名称、联系电话、传真号码、网址等，供新闻界人士参阅。

（4）其他辅助或背景材料。这些材料包括图片、实物、模型、录像、光盘等，其目的是增强发言人的讲话效果，加深与会者对会议主题的认识和理解。

7. 其他准备工作

新闻发布会召开之前除做好以上准备工作外，还应做好会场的布置、音响设备的调试、礼品的准备、座次的安排、工作人员胸卡的制作以及新闻发布会工作人员的仪态举止训练等工作。

8. 新闻发布会的一般程序

新闻发布会的会议程序要安排得详细、紧凑，以避免出现冷场和混乱局面。

（1）签到。

在新闻发布会的入口处要设立签到处，安排专人负责签到、分发材料、引入会场等接待工作，接待人员要热情、大方、举止文雅。

（2）会议三步曲。

①主持人将召开新闻发布会的目的、将要发布的消息或要公布的事情经过、真实情况做简要介绍。

②主持人应根据会议主题调节好会议气氛，当记者的提问离会议主题太远时，主持人要善于巧妙地将话题引回主题；当会议出现紧张气氛时，主持人要能够及时地进行调节与缓和。

③主持人要切实把握好新闻发布会的进程和时间。

（3）领导人发言。

领导人在会上发言时，切忌说大话、空话和套话，一定要突出重点，真实、生动和细致，还要恰到好处，语言要自然，吐字要清晰，不能用大段的书面语言，宜用精练恰当的口语。

（4）回答记者提问。

领导人在回答记者提问时，要准确、自如，不要随便打断记者的提问，对不愿透露或不好回答的问题，不应吞吞吐吐，要婉转、幽默地向记者做出解释。

遇到不友好的提问，应该保持冷静，礼貌地阐明自己的看法，不能激动发怒，以免引出负面报道，这样于己于单位都是不利的。

（5）会议结束。

新闻发布会结束后，主办人员要向与会者一一道别，并感谢他们的光临。对于个别记者有特殊要求时，有关人员还应耐心地予以答复。

新闻发布会结束后，主办单位还应及时收集到会记者做出的报道，检查是否达到了举办新闻发布会的目的、是否有不利于本单位的报道，并予以更正、说明。

七、座谈会

座谈会是一种小型围坐式会议，其实务要点如下。

1. 发出通知

座谈会通知除了时间、地点外，还要明确告知与会者会议内容，有时还要告知与会者都有哪些人参加这次座谈会，以便做好思想准备和发言准备。除了发书面通知外，还要用电话进行跟踪落实。

2. 会场布置

座谈会会场布置灵活多样，可以采取圆形、方形、长方形、椭圆形、六边形等围坐式座位格局，特殊情况下也可以设计成半圈式。

较为重要的座谈会应当悬挂会标，会场内可适当放置饮料和茶水，可使与会者感到亲切、自然。

3. 安排好发言

座谈会发言形式有两种。一是自由发言，即事先不规定每人都要发言，也不规定发言顺序，与会者发不发言、什么时候发言，完全由自己决定；二是事先确定几位主要发言人，也可以编排好其发言顺序，座谈会上先由主要发言人发言，然后其他与会者再自由发言。

4. 对与会者表示感谢

无论与会者同举办者之间有无隶属关系，座谈会结束后，举办者最好对与会者的光临表示感谢。

八、展览会

1. 确定展览会的规模

展览会有大型展览会、小型展览会与微型展览会之分。

（1）大型展览会，通常由社会上的专门机构出面承办，其参展的单位多、参展的项目广，因而规模较大。因其档次高、影响大，参展单位必须经过申报、审核、批准等一系列程序才可以参加大型展览会。

（2）小型展览会，一般由某一单位自行举办，展示的主要是主办单位最新的成就（各种产品、技术和专利）。

（3）微型展览会，是小型展览会的进一步微缩。它只是将展品安排陈列于本单位的展览室或荣誉室之内，主要用以教育本单位的员工和供来宾参观之用。

2. 确定展览会的时间

根据展期的不同，可以把展览会分为长期展览会、定期展览会和临时展览会。

（1）长期展览会，大都常年举行，展览场所固定展品变动不大。

（2）定期展览会，展期一般固定为每隔一段时间之后，在某一个特定的时间之内举行，其展览主题大都既定不变，但允许变动展览场所或展品内容。一般来说，定期展览会往往呈现出连续性、系列性的特征。

（3）临时展览会，可根据需要与否随时举办。它所选择的展览场所、展品内容乃至展览主题，往往不尽相同，但其展期大都不长。

3. 展览内容的宣传

为了引起社会各界对展览会的重视并且尽量地扩大其影响力，主办单位有必要对其进行大力宣传。宣传可以采用举办新闻发布会来发表有关展览会的新闻稿、在公开刊物上发广告等形式。

4. 参展单位的确定

主办单位事先应以适当的方式，对参展单位发出正式的邀请或召集。主要方式为：刊登广告、寄发邀请函、召开新闻发布会，等等。需同时将展览会的宗旨和展出的主要项目、参展单位的范围与参展条件、举办展览会的时间与地点、报名参展的具体时间与地点、主办单位拟提供的辅助服务项目、参展单位所应负担的基本费用等都如实地告知参展单位。

对于报名参展的单位，主办单位应根据展览会的主题与具体要求进行必要的审核。当参展单位的正式名单确定以后，主办单位应及时地以专函形式通知参展单位。

5. 展示位置的分配

展示位置应处于展览会上较为醒目之处，设施齐备、采光良好、水电供给充足。在一般情况下，展览会的主办单位要想尽一切办法满足参展单位关于展位的合理要求。假如参展单位较多，对较为理想的展位竞争较为激烈的话，展览会的主办单位可依照展览会的惯例，采用下列方法对展位进行合理的分配。

（1）对展位进行竞拍。

主办单位根据进展的不同而制定不同的收费标准，然后组织一场拍卖会，由参展单位在会上自由进行角逐，出价高的参展单位可以拥有自己中意的展位。

（2）对展位进行投标。

参展单位依照主办单位所公告的招标标准和具体条件自行报价，并据此填写投标单，由主办单位按照"就高不就低"的规则将展位分配给报价高的参展单位。

（3）对展位进行抽签。

即将展位进行编号，将号码写在纸签上，在公证人员的监督下，由参展单位代表每人抽取一个签，以此来确定各自的展位。

（4）按"先来后到"分配。

以参展单位正式报名的先后为序，哪个参展单位先报名，其便有权优先选择自己中意的展位。

6. 对展品与工作人员的要求

（1）对展品的要求。

①用以进行展览的展品，外观上要力求完美无缺；质量上要优中选优；陈列上既要整齐美观，又要主次分明；布置上要兼顾主题的突出与观众的注意力。

②在展览会上向观众直接散发的有关资料，要印刷精美、资讯丰富，并且注有参展单位的主要联络方式。

（2）对工作人员的要求。

①统一着装。在一般情况下，应当要求展位上的工作人员统一着装。最佳的选择，是身穿本单位制服，或者是穿深色的西装、套裙。在大型展览会上，参展单位若安排专人迎送宾客，最好请男士身穿正装，女士则着单色旗袍，并胸披写有参展单位或其主打展品名称的大红绶带。

②佩戴胸卡。为了证明各自的身份，展览会全体工作人员皆应在左胸佩戴标明本人单位、职务、姓名的胸卡（礼仪小姐可以例外）。

7. 安全保卫事项

在举办展览会前，主办单位须主动将展览会的举办详情向当地公安部门进行通报，求得其支持与配合。

举办规模较大的展览会时，最好从合法的安保公司聘请一定数量的安保人员，负责展览会的安保工作。

展览会主办单位的全体工作人员，应自觉加强防损、防盗、防火、防水等安全意识，为保障展览会的安全竭尽全力。按照常规，有关安全保卫的事项，必要时最好由有关各方正式签订合约或协议，并且经过公证。

8. 其他各方面的配合

主办单位作为展览会的组织者，有义务为参展单位提供一切必要的辅助性服务项目。具体而言，为参展单位所提供的辅助性服务项目，通常要包括以下几项。

其一，展品的运输与安装。
其二，车、船、机票的订购。
其三，与海关、商检、防疫部门的协调。
其四，跨国参展时有关证件、证明的办理。
其五，电话、传真、计算机、复印机等现代化通信联络设备的准备。
其六，餐饮以及有关展览时使用的零配件的提供。
其七，供参展单位选用的礼仪、讲解、推销人员等。

九、赞助会

赞助，通常是指某单位或某个人拿出自己的钱财、物品，来对其他活动、单位或个人进行帮助和支持。

在现代社会中，赞助仍是社会慈善事业的重要组成部分之一。它不仅可以扶危济贫，向社会奉献自己的爱心，表现出自己对社会的高度责任感，以自己的实际行动回报社会、报效祖国，而且也有助于获得社会对自己的好感，提高自己在社会上的知名度、美誉度，为自己塑造良好的公众形象。

赞助会的主要内容包括赞助方式、赞助计划与项目的审核、会务的安排、活动的评估等方面。

1. 赞助方式

赞助方式指的是赞助的具体形式。赞助方式选择得当与否，大都对赞助效果的好坏产生直接影响。根据不同的标准，赞助方式可有各种不同的划分方法。其中最为常见的划分方法有赞助项目和赞助物两种。

（1）赞助项目。

赞助项目具体指的主要是受赞助的对象。在目前情况下，赞助项目大致上有以下几类。

①赞助公益事业。

它是指对社会的公共设施、公共活动进行赞助，直接地造福于社会、造福于人民，并可赢得公众和舆论的赞赏。

②赞助慈善事业。

它是指对社会慈善福利组织或慈善福利活动的赞助，既可以向社会表明赞助单位勇于承担自己的社会义务、社会责任，又有助于获得政府与社会的好感。

③赞助教育事业。

它是指对教育界的赞助，可以给予教育界有力的支持，并且为赞助单位日后的进一步发展培养必不可少的后备人才。

④赞助科研活动。

它是指对科学研究与学术活动的赞助,此举不仅表明赞助单位对人才与科技进步的重视,而且还可以使赞助单位得到专家、学者的肯定,还有支持或指导。

⑤赞助专著出版。

它是指对确有学术水平的学术专著的出版所给予的赞助。主要可以表明赞助单位对知识的无比重视和对学术研究的大力支持。

⑥赞助医疗卫生事业。

它是指对医疗、保健、卫生康复事业的赞助,它体现着赞助单位对社会的关怀,同时也是对社会的奉献。

⑦赞助文化活动。

它是指对文化事业的赞助,它有助于促进我国的社会主义精神文明建设,用高尚的精神去鼓舞人民、教育人民,提高其文化修养与精神境界。

⑧赞助展览画廊。

它是指对具有一定艺术品位的非营利性的展览、画廊的赞助,它体现着赞助单位的艺术品位以及对艺术界的支持和帮助。

⑨赞助体育活动。

它是指对各类体育比赛活动的赞助。体育比赛是当今社会的热点之一,对其进行赞助,往往可使赞助单位名利双收、一举两得。

⑩赞助娱乐活动。

它是指对群众性娱乐休闲活动的赞助,它表达了赞助单位对广大群众的关怀与诚意,可提高广大群众对赞助单位的认同感。

(2) 赞助物。

赞助物在此特指赞助单位或个人向受赞助者所提供的赞助物品。通常,赞助物可以分为如下四种类型。

①现金。

现金即赞助单位或个人以现金或支票的形式,向受赞助者所提供的赞助。

②实物。

实物即赞助单位或个人以一种或数种具有实用性的物资的形式向受赞助者所提供的赞助。

③义卖。

义卖即赞助单位或个人将自己所拥有的某件物品进行拍卖或出售,然后再将全部所得以现金的形式捐赠给受赞助者。

④义工。

义工即赞助单位或个人派出一定数量的员工,前往受赞助者所在单位或其他场所,进行义务劳动或有偿劳动,然后以劳务的形式或以劳务所得,向受赞助者提供赞助。

2. 赞助计划与项目的审核

(1) 制订赞助计划。

制订赞助计划的指导思想为：赞助活动必须同本单位的经营策略、公共关系目标相一致，赞助活动的终极目标应是赞助单位、受赞助者和社会三方共同受益。赞助政策的制订和赞助方向的选择，均应以此作为指南。

在一般情况下，赞助计划需要专人起草，并经赞助单位的决策机构批准后方可实施。

(2) 赞助项目的审核。

在进行正式的赞助活动之前，对于既定的赞助项目进行审核，往往是极其必要的。赞助项目的审核，主要是指赞助单位事先对自己所参与的赞助项目所进行的审查与核定。

在正常情况下，相关项目的审核是由赞助单位专门负责赞助活动的部门来进行的。对赞助活动的各个具体环节逐一进行细致的分析研究，发现问题，防患于未然。审查与核定的重点应当放在以下四个方面。

①赞助项目是否符合赞助单位的经营策略与公共关系目标。
②赞助的具体方式是否合适、资助的时机是否得当。
③赞助将会产生多大的社会作用。
④赞助之后对赞助单位会有多大的积极作用和负面影响。

3. 会务的安排

(1) 现场布置。

赞助会通常应由受赞助者出面承办，而由赞助单位给予适当的支持。赞助会的举办地点，一般可选择受赞助者所在单位的会议厅，亦可由其出面，租用社会上的会议厅。

赞助会举办地点的主席台正上方，或是面对会议厅正门之处的墙壁上，还需悬挂一条大红横幅。在大红横幅上面，应以金色或黑色的楷书书写着"某某单位赞助某某项目大会"或者"某某赞助仪式"的字样。一般来讲，赞助会的会场不宜布置得太过豪华、张扬。

参加赞助会的人数不宜过多，但要有充分的代表性。除了赞助单位、受赞助者双方的主要负责人及员工代表之外，赞助会应当重点邀请政府部门代表、社区代表、群众代表以及新闻界代表参加。

(2) 赞助会的一般程序。

①宣布赞助会正式开始。赞助会的主持人，一般应由受赞助单位的负责人或公关人员担任。

②奏国歌。此前，全体与会者须起立。在奏国歌之后，还可奏本单位标志性

歌曲。有时，奏国歌、奏本单位标志性歌曲可改为唱国歌、唱本单位标志性歌曲。

③赞助单位正式实施赞助。通常是赞助单位的代表首先出场，宣布其赞助的具体方式或具体赞助金额。随后，受赞助单位代表上场，双方热情地握手。接下来，由赞助单位代表正式将标有一定金额的巨型支票或实物清单双手捧交给受赞助单位代表。必要时，礼仪小姐应为双方提供帮助。在此过程之中全体与会者应热烈鼓掌。

④赞助单位代表发言。其发言内容，重在阐述赞助的目的与动机，还可以对赞助单位的情况略做介绍。

⑤受赞助单位代表发言。发言者一般应为受赞助单位的主要负责人或主要受赞助者。发言的中心应集中在对赞助单位的感谢方面。

⑥来宾代表发言。根据惯例，可邀请政府有关部门的负责人讲话。内容主要是肯定赞助单位的义举，同时亦可呼吁全社会积极倡导这种互助友爱的美德，有时该项议程亦可略去。

此后，宾主双方可稍事交谈。然后来宾应一一告辞。在一般情况下，东道主大都不为来宾安排膳食。如确有必要，可略备便餐，不宜设宴待客。

依照常规，一次赞助会的整体时间，不应超过一个小时，因此赞助会的具体会议议程，必须既周密，又紧凑。

4. 活动的评估

在赞助会结束后，尤其是在整个赞助活动告一段落之后，赞助单位有必要对其进行一次系统的评估。主要是对赞助活动进行综合分析和系统总结，对其产生的社会效应进行科学分析与评价。

赞助活动的评估工作，一般应由赞助单位的公关部牵头负责。有时，亦可由专司此事的部门主持此事。在评估完成之后，应形成书面报告，提交给赞助单位的决策机构以及各位主要负责人，以供对方参考。

十、茶话会

1. 主题的确定

茶话会的主题，特指茶话会的中心议题。在一般情况下，大致可分为以下三类。

（1）以联谊为主题。

以联谊为主题的茶话会是为了联络主办方同应邀与会的各界人士的感情。在这类茶话会上，宾主通过叙旧与答谢，往往可以增进双方的进一步了解，加深彼此之间的关系。

（2）以娱乐为主题。

以娱乐为主题的茶话会，指在茶话会上安排了一些文娱节目或文娱活动，并且以此作为茶话会的主要内容。与联谊会不同的是，以娱乐为主题的茶话会所安排的文娱节目或文娱活动，往往不需要事先进行专门的安排与排练，而是以现场的自由参加与即兴表演为主。

（3）以专题为主题。

以专题为主题的茶话会，指在某特定时刻，或为了某些专门的问题而召开的茶话会。它的主要内容，是主办方就某一专门问题收集反映，听取某些专业人士的见解，或者是同某些与茶话会主办单位存在特定关系的人士进行对话。

2. 来宾的确定

一般情况下，茶话会的主要与会者，大体上可分为以下四种情况。

（1）茶话会主办单位的人士。

具体来讲，主要是邀请茶话会主办单位的各方面代表参加，亦可邀请茶话会主办单位的全体员工或某一部门、某一阶层的人士参加。

（2）社会各界知名人士。

所谓社会各界知名人士，通常是指在社会上拥有一定的才能、德行与声望的各界人士，他们不仅在社会上具有一定的影响力、号召力和社会威望，而且往往是某一方面的代言人。此类茶话会，可加深与会者对茶话会主办单位的了解与好感，并且可以倾听社会各界对茶话会主办单位直言不讳的意见。

（3）合作伙伴。

合作伙伴，在此特指与主办茶话会单位存在着一定联系的单位或个人，以合作伙伴为主要与会者的茶话会重在向与会者表达谢意，加深彼此之间的理解与信任。这种茶话会，有时亦称联谊会。

（4）各方面的人士。

有些茶话会，往往会邀请各行各业、各个方面的人士参加。这种茶话会，通常叫作综合茶话会。

3. 时间和地点的选择

（1）茶话会举行的时机。

通常认为，辞旧迎新之时、周年庆典之际、重大决策前后、遭遇危难挫折之时等，都是酌情召开茶话会的良机。

（2）茶话会举行的时间。

根据惯例，茶话会举行的最佳时间为下午四点左右，有些时候，亦可将其安排在上午十点左右。需要说明的是，在进行具体操作时，不必墨守成规，而主要应以与会者尤其是主要与会者的方便与否以及当地人的生活习惯为准。

（3）茶话会时间的长短。

茶话会往往是可长可短的，关键是要看现场有多少人发言，发言是否踊跃，大都讲究适可而止。一般为一到两个小时。

（4）举办地点、场所的选择。

按照惯例，适宜举行茶话会的大致场地主要有：主办方的会议厅，宾馆的多功能厅，主办方负责人的私家客厅、私家庭院或露天花园。在选择举办茶话会的具体场地时，还需同时兼顾与会人数、支出费用、周边环境、交通安全等诸问题。

4. 座次的安排

根据惯例，目前在安排茶话会与会者的具体座次时，主要采取以下四种办法。

（1）环绕式。

环绕式排位，指不设立主席台，将座椅、沙发、茶几摆放在会场四周，不明确座次的具体尊卑，让与会者在入场之后自由就座。

（2）散座式。

散座式排位，多见于室外的茶话会。其坐椅、沙发、茶几可以自由地组合，自行调节，随意安排。

（3）圆桌式。

在茶话会中，圆桌式排位通常又分为两种方式。

一是仅在会场中央安放一张大型椭圆形会议桌，而请全体与会者在其周围就座。二是在会场安放数张圆桌，而请与会者自由组合就座。当与会者人数较少时，可采用前者；而当与会者人数较多时，则采用后者更方便。

（4）主席式。

主席式排位并不是指要在会场上摆出主席台，而是指在会场上，主持人、茶话会主办单位、重要来宾应有意识地被安排在一起就座，并且位于上座之处。

5. 茶叶、茶具和茶点的准备

茶话会不安排主食，也不安排品酒环节，而是只向与会者提供茶点。

（1）茶叶的选择。选择茶叶时，应尽力挑选上等品，同时要注意照顾与会者的不同口味。对中国人来说，绿茶老少皆宜；而对欧洲人而言，红茶更受欢迎。

（2）茶具的选择。选择茶具时，最好选用陶瓷器皿，并且讲究茶杯、茶碗、茶壶成套，千万不要采用玻璃杯、塑料杯、搪瓷杯、不锈钢杯或纸杯，也不要用热水瓶代替茶壶。所有的茶具一定要清洗干净，并且完整无损、没有污垢。

（3）茶点的选择。在茶话会上还可以为与会者略备一些点心、水果或地方风味小吃。需要注意的是，在茶话会上向与会者所供应的点心、水果或地方风味小吃，品种要对路、数量要充足，并且要便于取食。为此，最好同时将擦手巾一并上桌。按照惯例，在茶话会举行之后，主办单位通常不再为与会者备餐。

6. 茶话会的一般程序

在正常情况下，茶话会的一般程序如下。

（1）主持人宣布茶话会正式开始。在茶话会正式宣布开始之后，主持人还可对主要与会者略做介绍。

（2）主办单位的主要负责人讲话。其讲话应以阐明此次茶话会的主题为中心内容。除此之外，还可以代表主办单位，对全体与会者的到来表示欢迎与感谢。

（3）与会者发言。为了确保与会者在发言之中畅所欲言，通常不对发言者进行指定与排序，也不限制发言的时间长短，而是提倡与会者自由地进行即兴发言。

（4）主持人控制茶话会的全局。在众人争相发言时，应由主持人决定孰先孰后。当无人发言时，应由主持人引出新的话题，请教与会者，或者由其恳请某位与会者发言。当与会者之间发生争执时，应由主持人出面劝阻。在每位与会者发言之前，可由主持人对其略做介绍。在其发言前后，应由主持人带头鼓掌致意。万一有与会者发言严重跑题或言辞不当，还应由主持人出言转换话题。与会者在茶话会上发言时，表现必须得体。在要求发言时，可举手示意，但同时也要注意谦让，不要与他人进行争抢。

（5）主持人略做总结。随后，即可宣布茶话会到此结束，并请与会者退场。

十一、远程会议

远程会议是运用现代通信技术召集相距较远的不同地点的人员举行的会议，常见的远程会议有远程电话会议和现代化远程电视电话会议两种。

1. 远程电话会议

（1）发出会议通知。

当远程电话会议的内容和时间确定后，会议秘书应先分别通过电话，向参加远程电话会议的各单位发出通知。电话通知除了一般会议通知的内容外，还要特别说明本次会议需要设立分会场，并强调各单位必须准时参加。

（2）分发会议书面材料。

如果在远程电话会议中要对某些文件进行讨论，可事先将文件通过传真的方式传给各与会单位。文件上应标明讨论的顺序编号和标题。在远程电话会议进行的过程中，还可补充传送会议相关文件。

（3）安排会场。

远程电话会议的会场分为主会场和分会场。召集方设主会场，其他参加会议的单位设分会场。分会场应装有扩音设备和话筒，并确保这些设备与电话机连接良好。人数较少的单位或个人参加会议，可直接使用带有免提扬声器的电话机。

（4）接通电话。

所有参加会议的人员应当至少提前五分钟进入会场，做好充分准备。会议时间到了以后，由召集方以主叫的方式接通与会各方。接通的办法和操作流程因电信局推出的各项电话会议服务业务的不同而有所不同。

电话全部接通后，会议主席宣布会议开始，要求各方相互通报姓名、职务。

（5）做好会议记录。

用录音电话系统记录会议，散会后整理成书面记录并归档保存。

2. 电视电话会议

电视电话会议是运用全像电视电话系统召集的远程会议。摄像机拍下各会场的镜头，连同声音一起通过通信线路传送到其他分会场。

（1）发出通知。

通知的形式和要求大致如电话会议通知。

（2）分发文件。

需审议的文件应在会议开始前通过传真或电子邮件传给与会各方。

（3）安排会场。

电视电话会议都在固定的会场举行，或者向通信公司租借专门的会场。

电视电话会议一般都要设分会场，每个分会场都要配备全套电视电话双向传输设备，既能将主会场的画面和声音传给各分会场，又能把各分会场的信息反馈给主会场。

会场的环境应安静、整洁；主会场和分会场都要悬挂会标。

会场内可以配备高速传真机，以便同时传送文件，场内会议设备要指定专业技术人员进行调试和检测。

（4）准时开会、准时散会。

因会议费用较高，故必须准时开会、准时散会。为此，对电视电话会议中要讨论的问题一定要在会前通过其他方式进行有效沟通，讨论成熟之后再在电视电话会议上通过。

（5）先集中、后分散与汇总情况。

为了减少租用通信线路的时间，在议程安排上，应先集中召开大会，然后由分会场各自举行会议。

任务三　常见会议仪式礼仪

一、开幕式与闭幕式

开幕式、闭幕式是各种会展活动正式开始前和结束后的礼仪和庆祝活动。通过开幕式、闭幕式，可以起到扩大社会影响、树立良好的社会形象的作用。

1. 确定参加对象和范围

开幕式、闭幕式的参加对象应当包括下列人员。

（1）主办单位及其上级机关的领导人。

（2）主办单位以及与活动有关的机关、企事业单位的领导或代表。

（3）涉外活动的开幕式和闭幕式也可邀请有关国家、地区组织的代表，如有关国家的使节、领事、参赞等参加。

（4）协办单位、赞助单位的领导或代表。

（5）有关新闻单位。

（6）为使开幕式、闭幕式的气氛隆重，可以选派一些群众代表参加。

2. 确定主持人、致辞人和剪彩人

开幕式、闭幕式和典礼通常由主办单位主持。主持人应当有一定的身份。

重要的开幕式、闭幕式，主办单位可派出身份较高的领导人参加并致开幕辞或闭幕词。致闭幕词人的身份应当高于主持人，如致辞人为正职，则主持人为副职。仪式较为简单的，可由主持人致开幕词。如果安排其他国家或组织的代表致辞，应事先发出邀请或商定。内容重要的致辞或涉外活动的开幕式、闭幕式致辞，应事先交换稿件或通报致辞的大致内容。国内的开幕式、闭幕式提倡即兴致辞。

如今许多开幕式中会安排剪彩，剪彩人应当是主办单位身份最高的领导人，也可安排上级领导、协办单位领导与主办单位领导共同剪彩。开幕式由双方或多方联合举办的，各方均应派出代表参加剪彩，剪彩人的身份应大体相当。

3. 发出邀请

邀请分为请柬、邀请信和书面通知三种形式。请柬文字内容简单，用于邀请一般的来宾；邀请信可根据不同的对象拟写，除表达邀请对方出席的诚意外，还可以提出一些希望和请求；对于内部人员则使用书面通知即可。书面邀请发出后，还应当通过电话进行跟踪落实。

4. 会场布置

开幕式、闭幕式一般在会展活动现场举行。现场可摆放花卉、悬挂彩旗和标语，也可根据内容需要播放音乐、表演舞蹈、敲锣打鼓，以表现热烈隆重的气氛。

时间较长或规模较大的开幕式和典礼，可设主席台并摆设座位；时间较短和规模较小的开幕式和典礼，一般站立举行，但应事先划分好场地，以便维持现场秩序。如场地较大，应安置扩音设备。

所剪彩球要用绸带连接，每个彩球均应由礼仪小姐用托盘托住。另外，剪彩用的剪刀也应事先准备好，每个剪彩人配备一把剪刀，在剪彩时由礼仪小姐用托盘递上。

签到是举行开幕式、闭幕式的重要环节，即表示对来宾的欢迎，又可以留作纪念。一般采用簿式签到，签到簿要美观典雅或能表现喜庆气氛。

来宾较多时，可以多准备几本签到簿。签到用的笔墨也应一并准备齐全。签到处要设在会场入口处。如果来宾人数较多，签到处要设在较为宽敞的地方，以免来宾集中到达时出现拥挤现象。

在室外举行的，签到处设在主席台的一侧。签到处要设有醒目的标志，并安排礼仪人员接待。庆祝性的开幕式还要给来宾和领导准备胸带和胸花。

有时，举行开幕式之后还会安排参观、植树纪念、文艺、体育表演等活动。与这些活动相关的物品也要准备妥当，留言簿也是这类活动常备的物品。活动结束后，请领导和来宾留言或题词，这既可以使整个活动有个圆满的结尾，又能为日后进一步宣传提供材料。

5. 一般的程序

（1）开幕式程序。

①大型活动的开幕式前可安排乐队奏乐和歌舞表演等活动，以增加欢快的气氛。

②来宾签到留念，并由礼仪人员为来宾佩戴胸花和来宾证，然后引入主席台或贵宾区。对于陌生来宾，应由工作人员向主办单位的领导介绍。

③司仪介绍出席开幕式的领导人和主要来宾，并宣布仪式由谁主持。

④主持人宣布仪式开始，重要的开幕式应奏中华人民共和国国歌，涉外活动奏各国的国歌。

⑤致辞。

一般的开幕式较为简单，可由主持人致开幕词。如果专门举行开幕式，则先由主持人宣布开幕式开始，接着介绍参加开幕式的领导和主要来宾，然后由主办单位出席会议的最高领导人致开幕词。如有上级机关派代表参加开幕式的，应当在致开幕词后，安排其致辞或讲话。如邀请兄弟单位参加，也可安排其致贺词或宣读贺电、贺信。会议主持人应当详细介绍每位致辞人的职务、身份和姓名。

举行各种活动的开幕式，先由主办单位领导人发表主旨讲话，然后由来宾代表致贺词，最后由主办单位身份最高的出席者致开幕词。这类开幕词十分简洁，往往只有一句话，即："我宣布：××（活动名称）开幕。"各单位联合主办的活动，也可用共同剪彩的方式代替致开幕词这一环节。

⑥剪彩。主持人先介绍剪彩人员的身份和姓名。剪彩时，播放音乐，参加人员鼓掌祝贺。

⑦举行参观、植树、文艺和体育表演等活动。参观时，应让身份最高的领导和来宾走在前面，并由解说员进行活动内容的介绍。如有外宾参加，还需做好翻译工作。

⑧请来宾留言或题词。

（2）闭幕式程序。

闭幕式中的签到、介绍领导人和来宾、宣布仪式开始等程序与开幕式基本相同，不同的程序主要如下。

①一般的闭幕式，由主办单位的领导人致闭幕词。闭幕词一般要对会议或者活动进行总结，对会议精神的贯彻落实提出希望和要求，最后宣布会议或者活动圆满结束。

②党的代表大会闭幕时应齐唱国际歌。

③系列性活动或系列性会议的闭幕式，常常举行交接仪式，由本次主办单位向下次会议或活动的主办单位移交主办权。

④一些大型活动，闭幕式后可举行文艺和体育表演，以示庆祝。

二、开工与揭幕仪式

社会各界为了庆祝各种工程项目的奠基和竣工、各种经营单位的开张、各种机构的成立挂牌或揭牌、各种塑像或纪念碑的落成，往往要举行一定的仪式或典礼，这些仪式或典礼，统称开工与揭幕仪式。

1. 开工与揭幕仪式的准备

开工与揭幕仪式的各项准备工作的要求与开幕式、闭幕式大体相同。不同之处如下。

（1）实施、奠基、揭牌、揭幕、启动、点火等仪式或者下达开工命令的人员一般是主办单位或上级机关参加开幕式职务最高的领导；双边性或多边性仪式，如联合投资的工程举行奠基、开工、挂牌等仪式，各方应派身份相当的人员出席。国内有些工程竣工、通车、交接等仪式，可请对该项目做出贡献的工程技术人员前来剪彩。

(2) 现场布置与物品准备。

建设工程的奠基或开工仪式应当在施工现场举行，事先搭好临时性的主席台，设讲台或话筒，时间较短的仪式一般不准备桌椅，全体人员均站立参加。现场周围可布置各色彩旗、气球和标语，工地上埋好奠基石，准备好扎有红色缎带的新铁锹。打桩机、推土机等机器也要预先进入施工位置，等待开工的命令。

揭牌（碑、像）仪式多在安放现场举行，全体人员站立参加。所揭之碑、牌、像等事先用绸缎罩住，绸缎的颜色，应为红色或墨绿色。揭牌（碑、像）仪式如在会场内举行，则应在主席台中间放置桌椅，供领导人和其他来宾就座，右侧（以主席台的朝向为准）设讲台和话筒，左侧放待揭的碑、牌、像等。

举行点火或启动仪式，要事先选择好举行仪式的合适地点，并确保安全；设置点火或启动装置，以保证点火或启动一次成功。

通车仪式要准备好足够的车辆，并将其布置成彩车，有的还配以乐队。

2. 开工与揭幕仪式的举办程序

专门举办的开工与揭幕仪式，其程序也与开幕式大体相同，但应注意以下两方面。

(1) 仪式开始后，先由主办单位领导致辞，对前来参加仪式的上级领导以及来宾表示感谢，同时介绍工程项目、落成的碑、牌或像等的情况及其意义；然后由其他人员致辞，最后请上级机关的领导或代表致辞，各单位联合主办的仪式，各方都应派代表致辞。

(2) 剪彩、奠基、揭牌、揭幕后，可安排正式通车、打桩、开工。有的开工仪式不进行剪彩、奠基，而是由现场身份最高者下达开工命令。

三、开业仪式

具体而言，筹备开业仪式时，要做好舆论宣传、来宾邀请、场地布置、接待服务、礼品馈赠、程序拟定六个方面的工作。

1. 要做好舆论宣传工作

首先，利用有限的媒体，进行集中性的广告宣传。其内容多为：开业仪式的举行日期、开业仪式的举行地点、开业之际对顾客的优惠、开业单位的经营特色，等等。

其次，邀请有关的媒体人员在开业仪式举行之时到场进行采访，以便对开业单位进行进一步的宣传报道。

2. 要做好来宾邀请工作

开业仪式影响的大小，往往取决于来宾身份的高低与数量的多少。开业单位在力所能及的情况下，要多邀请一些来宾参加开业仪式。地方领导、上级主管部门与地方职能管理部门的领导、合作单位与同行单位的领导、社会团体的负责人、媒体人员，都是邀请来宾时应予以优先考虑的。为慎重起见，用以邀请来宾的请柬应认真书写，并应装进精美的信封，由专人提前送到对方手中，以便对方早做安排。

3. 要做好场地布置工作

开业仪式多在开业现场举行，其场地可以是正门之外的广场，也可以是正门之内的大厅。按照惯例，举行开业仪式时宾主都应站立，一般不布置主席台或座椅。为显示隆重与敬客，可在来宾（尤其是贵宾）站立之处铺设红色地毯，并在现场四周悬挂横幅、标语、气球、彩带、宫灯，此外，还应当在醒目之处摆放来宾赠送的花篮、牌匾，而来宾的签到簿、开业单位的宣传材料、待客的饮料等，亦需提前备好。对于音响、照明设备，以及开业仪式举行之时所需使用的用具、设备，必须事先认真进行检查和调试，以防其在使用时出现差错。

4. 要做好接待服务工作

在举行开业仪式的现场，一定要有专人负责来宾的接待服务工作。在接待贵宾时，需由开业单位的主要负责人亲自出面。接待其他来宾，则可由礼仪小姐负责。若来宾较多，需为其准备好专用的停车场、休息室，并应为其安排饮食。

5. 要做好礼品馈赠工作

根据常规，向来宾赠送的礼品，应具有以下三大特征。

（1）宣传性：可选用本单位的产品，也可在礼品以及外包装上印上开业单位的企业标志、广告用语、产品图案、开业日期，等等。

（2）荣誉性：要使之具有一定的纪念意义，并且使拥有者对其珍惜和重视，并为之感到光荣和自豪。

（3）独特性：礼品应当与众不同，具有开业单位的鲜明特色，使人一目了然、过目不忘。

6. 要做好程序拟定工作

从总体上来看，开业仪式大都由开场、过程、结局三大环节构成。开场即奏乐，邀请来宾就位，宣布仪式正式开始，介绍主要来宾；过程是开业仪式的核心内容，它通常包括开业单位负责人讲话、来宾代表致辞、启动某项开业标志，等等；结局则包括开业仪式结束后，宾主双方到现场进行参观、联欢、座谈，等等，它是开业仪式必不可少的尾声。为使开业仪式顺利进行，在筹备之时，必须要认真草拟具体的程序，并选定好称职的仪式主持人。

四、庆典仪式

1. 庆典仪式准备

（1）认真确定出席者名单。

一般来说，庆典仪式的出席者通常应包括如下人员：上级领导、社会名流、媒体、合作伙伴、社区关系单位领导和开业单位员工等。

人员的具体名单一旦确定，就应尽早发出邀请或通知。鉴于庆典仪式的出席人员较多，牵扯面极广，故不到万不得已，开业单位均不可将庆典仪式取消、改期或延期。

（2）精心安排好来宾接待工作。

对出席庆典仪式来宾的接待，应突出其礼仪性的特点。最好的办法是庆典仪式一经决定举行，即成立对此全权负责的筹备组。筹备组成员通常应当由各方面的有关人员组成。

在庆典仪式的筹备组之内，应根据具体的需求，下设若干专项小组，在公关、礼宾、财务、会务等方面分管。其中负责礼宾工作的接待小组是不可缺少的。

庆典的接待小组，原则上应由年轻、精干、身材与形象较好、口头表达能力和应变能力较强的男女青年组成。

接待小组成员的具体工作有以下四项。

①来宾的迎送。即在举行庆典仪式的现场迎接或送别来宾。

②来宾的引导。即由专人负责为来宾带路，将其送到指定的地点。

③来宾的陪同。对于某些年事已高或非常重要的来宾，应安排专人始终陪同，以便关心与照顾。

④来宾的招待。即指派专人为来宾送饮料、上点心以及提供其他方面的服务。

（3）精心布置庆典仪式现场。

依据仪式礼仪的有关规范，开业单位工作人员在布置举行庆典仪式的现场时，需要通盘考虑的主要问题有以下四方面。

①地点的选择。在选择具体地点时，应结合庆典仪式的规模、影响力以及开业单位的实际情况来决定。

②环境的美化。为了烘托出热烈、隆重、喜庆的气氛；可在庆典仪式现场悬挂彩灯、彩带，张贴一些宣传标语，并且挂上具体内容的大型横幅，如果有能力，还可以请开业单位员工组成的乐队届时进行音乐表演。

③场地的大小。在选择举行庆典仪式的现场时，场地的大小应与出席者人数的多少相适应。

④音响的准备。在举行庆典仪式之前,务必要把音响准备好。尤其是提供来宾们讲话时使用的麦克风和传声设备。在庆典仪式举行前后,播放一些喜庆、欢快的乐曲,对于播放的乐曲,应先进行审查。

2. 庆典程序

(1) 预备。请来宾就座,出席者安静,介绍嘉宾。

(2) 宣布庆典正式开始。全体起立,唱本单位之歌。

(3) 开业举办单位主要负责人致辞。其内容是:对来宾表示感谢,介绍此次庆典仪式的缘由等。其重点应是报捷以及庆典的可"庆"之处。

(4) 邀请嘉宾讲话。大体上讲,出席庆典仪式的上级单位主要领导、合作单位及社区关系单位,均应有代表讲话或致贺词。对外来的贺电、贺信等,可不必宣读,但对其署名单位或个人应当公布。在进行公布时,可依照其"先来后到"的顺序,或是按照其具体名称的汉字笔画的多少进行安排。

(5) 安排文艺演出。对于文艺演出的安排,应当慎选内容,注意不要有悖于庆典仪式的主旨。

(6) 邀请来宾参观。必要时可安排来宾参观开业单位的展览厅或车间,等等。在以上六项程序中,前四项必不可少,后两项则可以酌情免去。

五、剪彩仪式

按照惯例,剪彩既可以是开业仪式中的一项具体程序,也可以独立出来,由其自身的一系列程序所组成。

1. 剪彩仪式的准备

(1) 物品准备。

与举行其他仪式相同,剪彩仪式也有大量的准备工作需要做好。其中主要涉及场地的布置、环境的卫生、灯光与音响的准备、媒体的邀请,等等。

除此之外,尤须对剪彩仪式上所需使用的某些特殊用具,诸如红色缎带、新剪刀、白色薄纱手套、托盘以及红色地毯等,进行仔细的选择与准备。

①红色缎带,即剪彩仪式之中的"彩"。为了节约,可以使用长度为两米左右的细窄的红色缎带,或者是红布条、红线绢、红纸条。

一般来说,红色缎带上所结的花团,不仅要生动、醒目,而且其具体数目还要同现场剪彩者的人数直接相关。目前有两类模式可参考。

其一,花团的数目较现场剪彩者的人数多一个。

其二,花团的数目较现场剪彩者的人数少一个。

前者可使每位剪彩者总是处于两朵花团之间,显得正式。后者则不同于常规,亦有新意。

②新剪刀。新剪刀是专供剪彩者在剪彩仪式上正式剪彩时所使用的。它必须崭新、锋利而顺手。在剪彩仪式结束后，主办单位可将每位剪彩者所使用过的剪刀经过包装之后，送给对方，留作纪念。

③白色薄纱手套。在正式的剪彩仪式上，剪彩者剪彩时最好每人戴上一副白色薄纱手套，以示郑重。在准备白色薄纱手套时，除了要确保其数量充足之外，还须使之大小适度、崭新平整、洁白无瑕。

④托盘。托盘是托在礼仪小姐手中，用来盛放红色缎带、新剪刀、白色薄纱手套的。剪彩仪式上所使用的托盘，最好是崭新、洁净的。它通常首选银色的不锈钢制品，可在使用时上铺红色绒布或绸布。

就其数量而论，在剪彩时，可以使用一只托盘依次向各位剪彩者提供新剪刀与白色薄纱手套，并同时盛放红色缎带；也可以为每一位剪彩者配置一只专门为其服务的托盘，同时，红色缎带专门由这只托盘盛放。后一种方法更加正式。

⑤红色地毯。红色地毯主要用于铺设在剪彩者正式剪彩时的站立之处。其长度可视剪彩者人数的多少而定，其宽度则不应少于一米。有时亦可不予铺设。

（2）剪彩者选定。

剪彩者，即在剪彩仪式上持剪刀剪彩之人。根据惯例，剪彩者可以是一个人，也可以是几个人，但一般不应多于五人。

一般来说，剪彩者多由上级领导、合作伙伴、社会名流、开业单位员工代表或客户代表所担任。确定剪彩者名单，必须是在剪彩仪式正式举行之前。名单一经确定，即应尽早告知对方，使其有所准备。在一般情况下，确定剪彩者时，必须尊重对方的个人意见，切勿勉强对方。需要由数人同时担任剪彩者时，应分别告知每位剪彩者届时他将与何人同担此任。

必要时，可在剪彩仪式举行前，将剪彩者集中在一起，告知对方有关的注意事项，并稍事排练。按照常规，剪彩者应着套装、套裙或制服，不要戴帽子或者戴墨镜，也不要穿便装。

助剪者，指的是在剪彩者剪彩的一系列过程中从旁边为其提供帮助的人员。一般而言，助剪者多由开业单位的女员工担任。现在，人们对她们的常规称呼是礼仪小姐。

在剪彩仪式上服务的礼仪小姐，可以分为迎宾者、引导者、服务者、拉彩者、捧花者、托盘者。迎宾者，在活动现场负责迎来送往；引导者负责引导剪彩者登台或退场；服务者负责为来宾尤其是剪彩者提供饮料、安排休息之处；拉彩者负责在剪彩时展开、拉直红色缎带；捧花者负责在剪彩时手托花团；托盘者负责为剪彩者提供新剪刀、白色薄纱手套等剪彩用品。

在一般情况下，迎宾者与服务者应不止一人；引导者既可以是一个人，也可以是多人。拉彩者通常为两人；捧花者的人数则需要视花团的具体数目而定，一般应为一花一人；托盘者可以为一人，亦可以为多人。有时，礼仪小姐亦可身兼数职。

礼仪小姐的基本条件是：年轻健康、气质高雅、音色甜美、机智灵活。最佳装束应为：化淡妆、盘起头发，穿款式、面料、色彩统一的单色旗袍，配肉色连体丝袜、黑色高跟皮鞋。除戒指、耳环或耳钉外，不戴任何其他首饰。有时，礼仪小姐身穿深色或单色的套装亦可，但是，她们的穿着打扮必须尽可能地整齐划一。

2. 剪彩仪式的程序

按照惯例，剪彩仪式既可以是开业仪式中的一项具体程序，也可以独立出来，由自身的一系列程序所组成。独立而行的剪彩仪式，通常应包含以下六个程序。

（1）请来宾就位。

在剪彩仪式上，通常只为剪彩者、来宾和开业单位的负责人安排坐席。一般情况下，剪彩者应就座于前排。若其不止一人，则应使之按照剪彩时的具体顺序就座。

（2）宣布剪彩仪式正式开始。

在主持人宣布仪式开始后，乐队应演奏音乐，现场可燃放鞭炮，全体到场者应热烈鼓掌。此后，主持人应向全体到场者介绍到场的重要来宾。

（3）奏乐曲。

可以奏中华人民共和国国歌，也可演奏开业单位标志性歌曲。

（4）进行发言。

发言者依次应为开业单位代表、上级主管部门代表、地方政府代表、合作单位代表，等等。其发言内容应言简意赅，每人发言不超过三分钟，重点分别应为介绍自己单位、对开业单位致贺与道谢。

（5）进行剪彩。

此刻，全体到场者应热烈鼓掌，必要时还可奏乐。在剪彩前，主持人须向全体到场者介绍剪彩者。

（6）进行参观。

剪彩之后，开业单位应陪同来宾参观被剪彩之物。随后，向来宾赠送纪念性礼品，并以自助餐款待全体来宾。

3. 剪彩的标准做法

当主持人宣布进行剪彩之后，礼仪小姐即应率先登场。在登场时，礼仪小姐应排成行，从两侧同时登台，或是从右侧登台。登台之后，拉彩者与捧花者应当站成一行，拉彩者处于两端，拉直红色缎带，捧花者各自捧起一朵红色花团。托盘者应站立在拉彩者与捧花者身后一米左右，并且自成一行。

在剪彩者登台时，引导者应在其左前方进行引导，使之各就各位。剪彩者宜从右侧登台。当剪彩者均已到达既定位置之后,托盘者应前行一步,到达剪彩者的右后侧,为其递上手套、剪刀。

若剪彩者仅为一人,则其剪彩时居中而立即可。若剪彩者不止一人,同时上场剪彩时位次尊卑的一般规矩是:中间高于两侧,右侧高于左侧,需要说明的是,之所以规定剪彩者的位次"右侧高于左侧",主要是因为这是一项国际惯例,剪彩仪式理当遵守。其实,若剪彩仪式无外宾参加,执行我国"左侧高于右侧"的传统做法亦无不可。

剪彩者若不止一人,则其登台时亦应排列成一行,并且使主剪者行进在前。在主持人向全体到场者介绍剪彩者时,剪彩者应面含微笑向大家欠身或点头致意。

在正式剪彩前,剪彩者应首先向拉彩者、捧花者示意,待其有所准备后,右手持剪刀,表情庄重地将红色缎带一刀剪断。若多名剪彩者同时剪彩,其他剪彩者应注意与主剪者的动作协调一致,力争同时将红色缎带剪断。

剪彩之后,红色花团应准确无误地落入托盘者手中的托盘里,切勿使之坠地。剪彩者在剪彩成功后,可以右手举起剪刀,面向全体到场者致意。然后将剪刀、手套放入托盘里,鼓掌。接下来,可依次与开业单位领导握手道喜,并在引导者的引导下列队退场。

剪彩者一般宜由右侧退场。待剪彩者退场后,礼仪小姐方可列队由右侧退场。

六、签字仪式

签字是对特定的书面意见表示确认的行为。会谈中产生的正式文本只有经过会谈各方的签字之后才能生效。因此,会谈的最后文本一般都要通过举行签字仪式来正式签署,以示确认并据此生效。

1. 文本的准备

(1) 定稿。

定稿即通过讨论和磋商确定正式文件的文字内容。这是文本准备的前提。如果是涉外谈判,还要对不同文字的文本内容及具体表述进行磋商,达成共识。双方并列缔约、在用本国文字写成的文本中并提双方国名或领导人姓名时,本国的国名和领导人姓名列在前面。

(2) 文字。

①缔约双方如使用的是不同的语言,签字文本应当用两种文字写成;按照主权平等的原则,两种文字文本具有同等效力。除了用双方的语言写成文本外,还可以用双方共同熟悉的第三种语言增加一种文本,三种文本具有同等效力。一些技术性较强的专门文件,经双方同意后也可只用某一国际通用语言写成。多边谈

判文件的起草，可使用一种或几种国际通用语言。

②签字的文本如用各签字国的文字同时印制，应将各方的本国文字置于各方自己保存的文本的前面（从右向左，竖排文字则在右侧）。比如，中美双方签字，中方保存的文本，中文在前，英文在后；美方保存的文本，英文在前，中文在后。多边签字缔约，则以英文国名的顺序来确定各国文字的次序。

③各方签字的位置应当安排在各方自己保存的文本签字处的前面（从右向左，竖排文字则在右侧），如果双方签字的位置是左右并排，则安排在左边。但如果双方的名称用"甲方""乙方"等表示顺序的词、词组或字母来简写，则一般按其顺序签字。

（3）校印。

文本排版后，必须经过严格的校对，确认无误后，才能交付印刷、装订。

（4）制作正本和副本。

签字文本分正本与副本，正本签字后由各方各自保存。双边签字：双方各保存正本一份。有时为了方便工作，也可以印制若干副本。副本的数量由双方根据实际需要协商确定，也可在条款中加以说明。多边签字：正本也可以仅制作一份，各方签字后，由东道国（方）或发起缔约的组织保存。

（5）盖章。

一般在举行签字仪式前，先在文本上盖上双方的公章，这样，文本一经签字便具有法律效力。外交方面的签字文本需要事先加盖火漆印。

2. 确定参加人员

（1）签字人员。

签字人可以是双方参加谈判的主持人，也可另派更高级别的领导人作为签字人。确定签字人要考虑以下两方面的因素。

①签字人必须具有代表政府或组织的法定资格。企业之间进行合同签字时，必须由法人代表执行，或者由法人代表所委托的人员执行。委托签字必须出示委托人亲笔签署的委托书。

②各方签字人员的身份应当大致相当。

（2）领导人。

为了表示对谈判成果的重视，签约各方也可以派出地位较高的领导人参加签字仪式，但也应当注意规格大体相当。

（3）见证人。

见证人主要是参加会谈的人员，各方人数应当大致相等。有时也可邀请保证人、协调人、律师、公证人员参加。

（4）助签人。

助签人的主要职责是在签字过程中帮助签字人员翻揭文本，指明需要签字之处。由于涉外签字的文本由中外文印成，各方签字的位置不一，一旦签错，文本就会失效，故助签人必须参加文本的整理、起草和制作工作，且非常熟悉业务，双边签字时，双方助签人的人选应事先商定。多边签字时，也可由主方派一名助签人，依次协助各方签字。

3. 会场布置

（1）签字桌椅。

双边签字，一般设长方桌，上铺深绿色台布。桌后放两把椅子，作为双方签字人员的座位。

如为多方签字，则加长桌子，增加座位，由各方代表依次签字。

涉外双边签字仪式的座位按主左客右的惯例摆放，即客方的座位安排在主方的右边。

多方签字则按礼宾次序，各方签字代表的座次按英文国名当头字母的顺序排列，排在第一位的居中，排在第二位的位于其右边，排在第三位的位于其左边。

签字桌上可放置各方签字人的席卡。席卡上一般写明签约国家或组织的名称、签字人的职务及姓名。涉外签字仪式应当用中英文两种文字标示。

各方保存的文本置于各方签字人座位前的桌子上。

（2）参加人员位置。

双边缔约，我方参加签字仪式的人员按主左客右的惯例分成左右两边站立，双方身份最高的领导人并排站立于中间，其他人员按照身份高低向两侧顺排。人数较多时，可分成若干排站立于前低后高的梯架上，有时也可在签字桌的对面或前方两边摆放座位，供参加人员就座。

签字仪式开始后，助签人应站在各自签字人员外侧协助签字，不要站在中间，以避免挡住后排领导人的视线。

（3）讲台。

如果签字仪式还安排了各方领导人致辞，可在签字桌的右侧摆放讲台或放置落地话筒。

（4）国旗。

涉外签字仪式一般要挂各方的国旗。国旗可以按主左客右的惯例交叉插在签字桌中央的旗架上，也可以分别插于签字桌的两边或并挂在背面的墙上。举行多边签字仪式时，国旗则放在各方签字人座位前的桌上。

（5）会标。

签字仪式的会标要求醒目并反映签约各方的名称、签约内容。涉外签字仪式的会标应用中文和外文书写。

（6）文具。

签字用的文具包括钢笔和签字笔，用笔和用墨必须符合归档的要求，要防止钢笔的笔管被墨水堵塞，确保签字时书写流畅。

（7）酒水。

有时在签字仪式结束后，会举行小型酒会，共庆会谈成功。工作人员应事先准备好酒水、酒杯等。

4. 签字仪式流程

（1）单纯性签字仪式流程。

①签字各方在司仪的安排下进入预定的位置。

②签字人员在己方保存的文本上签字，助签人为签字人员翻揭文本，指明签字处，并用吸墨器（纸）将未干的字吸干。每种文字的文本均需逐一签字。

③双方在各自保存的文本上签字后，由助签人互相传递文本，签字人员再在对方保存的文本上逐一签字。多边缔约如果只需在一份文本上签字，可以按照各国的英文名称首字母的顺序依次请各缔约方签字。

④签字完毕后，各方签字人员应起立，交换文本，并相互握手致意。

（2）复合性签字仪式流程。

①介绍主要来宾。

②宣布签字仪式开始。

③双方签字（过程同单纯性签字仪式程序）。

④主客双方先后致辞（致辞也可放在签字之前）。

⑤举行小型酒会，举杯庆贺。

⑥双方联合举行记者招待会或新闻发布会。

七、交接仪式

1. 交接仪式的准备工作

（1）来宾的邀请。

来宾的邀请，一般应由交接仪式的交付方负责。

交接仪式的出席人员应当包括：交付方、接收方的有关人员，上级主管部门的有关人员，当地政府的有关人员，行业组织社会团体的有关人员，各界知名人士，新闻界人士，以及协作单位的有关人员等。

在上述人员之中，除交付方与接收方的有关人员之外，对于其他人员，均应提前送达或寄达正式的书面邀请，以示对对方的尊重之意。

（2）现场的布置与物品准备。

举行交接仪式的场所，通常应视交接仪式的重要程度、全体出席者的具体人数、交接仪式的具体程序与内容以及是否要求对其进行保密等几个方面的因素而定。

根据常规，一般可将交接仪式的举行地点安排在已经建设、安装完成并已验收合格的工程项目或大型设备所在地的现场。有时，亦可将其酌情安排在主办方本部的会议厅，或者由双方共同认可的其他场所。

在交接仪式上，有不少需要使用的物品，其应由交付方提前进行准备。

首先，必不可少的，是作为交接象征之物的有关物品。它们主要有：验收文件、交接物品一览表、钥匙等。除此之外，还需为交接仪式的现场准备一些用以烘托喜庆气氛的物品，并应为来宾准备一份礼品。在交接仪式上用以赠送给来宾的礼品，应突出其纪念性、宣传性。如被交接的工程项目、大型设备的微缩模型，或以其为主要图案的画册、明信片、纪念章，等等，皆为上佳之选。

在交接仪式的现场，可临时搭建一处主席台。必要时，应在其上铺设一块红地毯。在主席台上方，应悬挂一条红色巨型横幅，上书交接仪式的具体名称，如"××工程交接仪式"或"热烈庆祝×工程正式交付使用"。在举行交接仪式的现场四周，尤其是在正门入口之处、干道两侧、交接物四周，可酌情悬挂一定数量的彩带、彩旗、彩球，并放置些色泽艳丽、花朵较大的盆花，用以美化环境。

若来宾赠送的祝贺性花篮较多，可依照约定俗成的顺序，如"先来后到""不排名次"等，将其统一列摆放在主席台正前方，或是分成两行摆放在现场入口处门外的两侧，两处同时摆放，也是可以的。不过，若是来宾所赠的花篮甚少，则不必将其公开陈列。

2. 交接仪式流程

不同内容的交接仪式，其具体流程往往各有不同。主办单位在拟定交接仪式的具体流程时，必须注意以下两个重要问题。

其一，必须在人的方面参照惯例执行，尽量不要标新立异；其二，必须实事求是、量力而行，不必事事贪大求全。

从总体上来讲，几乎所有的交接仪式都少不了下列五项基本流程。

（1）宣布开始。

此刻，全体与会者应当进行较长时间的鼓掌，以热烈的掌声来表达对东道主的祝贺。

（2）奏乐曲。

之后可以演奏交付方的标志性乐曲。此时，全体与会者必须肃立。该项程序，有时亦可略去。不过若能安排这一程序，往往会使交接仪式显得更加庄严和隆重。

（3）开始交接。

具体的做法，主要是由交付方代表将有关工程项目、大型设备的验收文件、交付物品一览表或者钥匙等象征性物品，正式递交给接收方的代表。此时，双方应面带微笑，双手递交、接收有关物品。

在此之后，双方还应热烈握手。如条件允许，在该项程序进行的过程之中，可在现场演奏或播放节奏欢快的喜庆歌曲。

为了进一步营造出热烈而隆重的气氛，这一程序亦可由上级主管部门或地方政府的负责人为有关的工程项目、大型设备的启用剪彩所取代。

(4) 各方代表发言。

在交接仪式上，须由有关各方的代表进行发言。他们依次应为交付方代表、接收方代表和来宾代表，等等。

这些发言，一般均为礼节性的，并以喜气洋洋为主要特征，通常宜短忌长，点到为止即可。

(5) 仪式结束。

随后安排全体来宾进行参观或观看文娱表演。此刻，全体与会者应再次进行较长时间的热烈鼓掌。

如果方便的话，正式仪式一旦结束，交付方与接收方即应邀请各方来宾一道参观有关的工程项目或大型设备。

第二部分

公共社交礼仪

专题一

公共社交礼仪概述

礼仪是社会文明的产物。随着时代与社会经济的飞速发展，礼仪现已渗入社会生活的各个方面，占据着越来越重要的位置。

在社会生活中，公共社交礼仪已经成为我们必不可缺少的部分，公共社交礼仪知识是每个人必须掌握和了解的基本常识。

任务一　公共社交礼仪的含义

在社会交往活动中，人际关系是通过人与人之间的交往和联系而表现出来的，这些联系得以正常进行，需要用一定的行为规范来进行调节。社交礼仪正是在这种情况下产生的。特别是随着商品经济的大规模发展，社交礼仪更成为人们社会生活中不可缺少的内容。讲究礼仪，注重礼貌，遵守一定的礼仪规范，已成为文明社会的重要指标。因此，社交礼仪就是人们在社会交往活动中必须遵循、掌握的礼节和礼貌行为；也是人们用以沟通思想、联络感情、促进了解的一种行为规范。社交礼仪往往通过人的行为特征和举止言谈、衣着打扮表现出来，它反映出一个社会组织乃至整个社会的行为特征和文明程度；也体现出一个人本身的修养、涵养、教养和素质水平。它既包含在常规礼仪之中，又具有鲜明的特色。

公共社交礼仪，指的就是人们置身于公共场合时所应遵守的礼仪规范。它是社交礼仪的重要组成部分之一，也是人们在交际应酬之中所具备的基本素养。公共场合（公共场所），指的是可供全体社会成员进行各种活动的社会公用的公共活动空间，例如楼梯、走廊、街头巷尾、公园、娱乐场所、商厦、银行、邮局、车站、码头、机场、公共交通工具、公共洗手间，等等。公共场合最显著的特点是它的公用性和共享性，它为全体社会成员服务，是全体社会成员进行社会活动的处所。

除了个人生活、家庭生活之外，人们还必不可少地要置身于公共场合，参与社会生活。在这种情况下，与他人共处，彼此礼让、包容、理解、互助，也是做人的根本，公共社交礼仪的基本含义，就是让人们在公共场合与他人礼让包容、和睦相处的有关行为规范。

任务二　公共社交礼仪的作用

公共社交礼仪在公共活动中的应用范围很广，涉及我们生活中的方方面面。无论是个人社交，还是社会组织的工作环境，或是公共场合，都离不开公共社交礼仪。因此，公共社交礼仪在日常活动中具有不可替代的作用。

1. 有助于提升人们的文明程度

公共社交礼仪是体现人们素质水平、文明程度的重要标志之一。它不仅是程序化、应酬式的规范，还有着极其丰富的内涵，并能够明确地反映一个人的学识、修养、涵养、教养、品格和风度，是一个人道德风范的外化，是一个人社交活动的重要行为准则。公共社交礼仪是属于道德范畴的，要求人们讲礼用礼，处处用礼仪约束自己的行为，时时用道德支配自己的行动，是人们顺利进行社交活动的基础。无论是干事业，还是做学问，首要的是先学会做人，而做人的首要条件就是要讲公德和职业道德，这样做既可以继承和发扬我国公共社交礼仪的优良传统，又可以为人们取得社交成功提供保证。

2. 有利于人们和谐相处

公共社交礼仪对协调人们之间的关系，营造融洽和谐的气氛，使人们相互间施之以礼、互相尊重、和谐相处，具有重要作用。

公共关系的对象是人，公共关系学是"人和"的科学。公共关系管理人员的工作是与社会各界广泛地交往，与各种人打交道，需要善于建立和谐有效的人际关系环境。在人与人的交往过程中，规范的公共社交礼仪会使人们真心相待、和睦相处，达到相互理解、相互信任、相互帮助的目的。

3. 有助于树立良好形象

我们知道，无论是国家的形象，还是社会组织的形象，都是借由人这个个体来表现的。人的形象如何，直接关系到国家、社会组织形象的好坏。因此，优雅规范的礼仪、礼节能够辅助社会组织树立良好形象。

专题二

日常个人礼仪

个人礼仪是一个人的生活行为规范与待人处事的准则，是对个人仪表、仪容、言谈举止、待人接物等方面的具体规定，是个人道德品质、文化素养、教养良知等精神内涵的外在表现。个人礼仪的核心内容是尊重他人、与人为善、表里如一。

对个人来说，个人礼仪是文明行为的道德规范与标准，个人礼仪所形成的具有较强约束力的道德力量，使每位社会成员能够自觉地将自己的言行并入符合时代之礼的轨道，以顺应社会发展的潮流。

可见，个人礼仪不仅是衡量一个人道德水准高低和有无教养的尺度，而且也是衡量一个社会、一个国家文明程度的重要标志。

任务一 仪容礼仪

一、仪容整洁礼仪

仪容主要是指一个人的容貌。它包括头发、脸庞、耳朵、眼睛、鼻子、嘴巴等。仪容的整洁与否反映了一个人精神面貌的好坏。我们每个人都要时时刻刻保持仪容整洁，仪容整洁礼仪应遵循以下礼仪规范。

1. 口腔的清洁

保持口腔清洁，是当今社交所必需的。有些人有口臭的问题，当他们与人面对面讲话时，应注意闭嘴呼吸、避免呼出的不良气味影响到他人。与人交往时要保持一定的距离，千万不要凑到他人身边，如必须在他人耳边低声交谈，应用手加以掩盖，必要时可以用嚼口香糖的方法来减少口腔异味。但应指出，在他人面前嚼口香糖是不礼貌的，特别是一边说话一边嚼，应避免这种行为。

2. 胡须的清洁

依据我国当代风俗，男子不应蓄胡须，胡须最好每天剃一次。胡须比较多的人在出席重要活动时，应事先刮一次。特别要指出的是，不可以当众剃须，更不可以在人前一根根地拔胡须，这既不文明又不卫生。

3. 手的清洁

在人的仪表中，手占有重要的位置。手的清洁与否能反映出一个人的修养与卫生习惯的好坏，所以人们要随时清洗自己的手。指甲要及时修剪整齐，但不要在任何公众场合修剪指甲，因为那是不文明、不礼貌的举止。同时要保持指甲的干净整齐，最好不要留长指甲。

4. 脚部的清洁

脚部的清洁，需要十分重视脚部的卫生：要常洗脚，常换袜子，尤其是对于有汗脚的人，其更要注意脚和袜子的清洁。

5. 服饰的干净整洁

在任何情况下，服饰都应该是干净整洁的，不能有污渍，尤其要注意衣领和袖口处。服装应该是平整的，扣子应齐全，不能有开线的地方，更不能有破洞。内衣亦应该勤洗勤换，特别是西服和衬衫，一定要非常干净。

皮鞋应该经常打油，保持鞋面光亮，但应该注意，不要在他人面前擦皮鞋。

二、化妆礼仪

化妆，是一种通过对美容用品的使用，来修饰仪容、美化自我形象的行为。简单地说，化妆就是有意识、有步骤地来为自己美容的过程。

化妆可使人变得楚楚动人，遵循化妆礼仪则更能显示出一个人的修养，因此，化妆时，应遵循以下礼仪规范。

1. 正式场合要化妆

当出席一个正式的场合时，女士应适当化妆，让自己容光焕发、富有活力，不化妆则被视为失礼，男士也要进行面容的适当修饰，比如刮干净胡须等。

2. 不要在公共场所化妆

女士在公共场所化妆是非常失礼的，这样做既可能有碍他人观瞻，也不尊重自己。如果真的必须在公共场所化妆或进行修饰的话，也要在化妆室或无人的地方去做，切勿当众化妆。

3. 不要在男士面前化妆

女士化妆一定要避开男士，特别是不能当着男同事的面化妆，即使是男朋友或丈夫也不例外。

4. 不要非议他人的妆容

由于民族、肤色和个人文化修养的差异，每个人的化妆方法不可能都是一样的，因此，既不要少见多怪，也不要以为自己的妆容才是最好的。对外宾的妆容尤其不要指指点点，也不要同外宾切磋化妆技术。

5. 不要借用他人的化妆品

当你看见新的化妆品想要试用或是有时可能忘了带化妆包而又亟须化妆，除非化妆品的主人心甘情愿为你提供方便，否则千万不要借用别人的化妆品，因为这是极不卫生的，也很不礼貌。

任务二　仪态礼仪

仪态，又称体态，是指人的风度和身体姿态。利用优良的仪态礼仪来表情达意往往比使用语言更让人感到真实和生动。

一、站姿

站姿是指人的双腿在直立静止状态下所呈现出的姿势。得体站姿的基本要点是：身体直立，双腿基本并拢，双脚分开成45°~60°，挺胸，抬头，收腹，平视。

在日常社交礼仪中，养成良好的站姿还需注意以下礼仪规范：

无论男女，切忌缩颈、探脖、耸肩、含胸、驼背、舔肚、撅臀。站立时不要过于随便，不要无精打采地东倒西歪、耸肩驼背，或者懒洋洋地倚靠在墙上或椅子上，更不可双腿弯曲或不停地颤抖。在庄重的场合中，双手不可插在衣兜或裤袋里，也不可交叉在胸前，更不可做小动作。

二、行姿

行姿是指一个人在行走过程中的姿势，也可叫作走姿。得体的行姿最基本的要点是：抬头挺胸，上身直立，双肩端平，两臂与双腿成反相位，自然交替甩动，手指自然弯曲，身体重心略微前倾。

女士在较正式的场合中的行路轨迹应该是一条线，即行走时两脚内侧在一条直线上，两膝内侧相碰，收腰、提臀、挺胸、收腹、肩外展、头正、颈直、收下颌；男士在较正式的场合中的行路轨迹应该是两条线，即行走时两脚的内侧应是在两条直线上。

关于走姿，还应了解一些特殊场合下的礼仪要求。如走进会场，步伐要稳健、大方；探望病人时，脚步应轻而柔；参加吊丧活动，步态要缓慢、沉重，等等。

三、坐姿

坐姿是举止的主要内容之一，端庄优美的坐姿，会给人以文雅、稳重、自然、大方的美感。坐姿的基本要求是：轻盈、和缓、平稳、从容自如。

落座之前，先要环视周围，看看长辈、领导及女士们是否已经落座，不要抢在尊长之前先坐下。在西方，还有从左侧入座、离座以及男士要帮助女士入座的传统。

入座时注意动作要轻盈舒缓、从容自如。落座的声音要轻，不要忽然坐下，以免给人一种缺乏教养或你是在赌气的感觉。

坐姿最忌讳的是弓腰曲背、两腿摇抖。落座时要保持上身挺直，不要耷拉肩膀、摆弄手指、拉衣服；不要抠鼻子、掏耳朵；不要把脚跨在椅子或沙发扶手上；也不要两腿笔直地向前伸。女士切忌双腿分开和高跷"二郎腿"；穿裙子时切忌露出衬裙，以侧坐为最佳坐姿。

总之，坐姿要求端庄大方、舒适自然。

四、表情仪态

表情是思想感情的自然外露，它是通过人的面部情态表现出来的。真诚的微笑和坦诚的眼神就像无声的语言，默默地传达着信息，表情仪态探讨的正是目光、微笑两方面的问题。

1. 目光

目光，是最富有感染力的表情语言。目光的交流是人类文明长期进化的结果之一，也是人们内心丰富感情的流露。

一个人良好的交际形象，是目光坦然、亲切、和蔼、有神。特别是在与人交谈时，目光应该注视对方，不应该躲闪或者游移不定。人际交往过程中，诸如呆滞的、漠然的、疲倦的、冰冷的、惊慌的、敌视的、轻蔑的、左顾右盼的目光都是应该避免的，更不要对他人上下打量、挤眉弄眼。

2. 微笑

"相逢开口笑"是一种常见的见面礼节，它使人感到和蔼、可亲、文明，也是"仪表吸引"的一个构成要素。

微笑应是发自内心、渗透感情、自然流露的表情，轻松而友善的微笑，是自然、美好、真诚的，切忌虚假造作、故作欢颜、曲意奉承。

另外，在融洽的气氛中，当他人向自己微笑时，我们也应有所回应，这是最起码的礼貌。

五、手势仪态

手势是人们交往时不可缺少的动作，是最有表现力的一种体态语言。手势仪态的运用要规范适度、简洁明确、亲切自然。

1. 使用手势礼仪

手指伸直并拢，手臂成一条直线，肘关节自然弯曲，掌心向斜上方；手势的上界不要超过对方的视线，手势的下界不要低于胸部；手势的左右摆动范围不要太宽，应在人的胸前或右方进行，摆手时欲扬先抑，欲左先右，欲上先下；使用手势动作宜亲切自然，手势的曲线宜软不宜硬，动作要慢，切忌快和猛；注意不能掌心向下，不能攥紧拳头，也不能用手指指点他人。

2. 使用手势应该注意的问题

（1）手势的运用要规范和适度。与他人谈话时，手势不宜过多，动作幅度不宜过大，要给人以优雅、含蓄和彬彬有礼的感觉。一般认为，掌心向上的手势有诚恳、尊重他人的含义；掌心向下的手势则意味着不够坦率、缺乏诚意等；攥紧拳头暗示进攻和自卫，也表示愤怒。伸出手指来指点他人，是想要引起他人的注意，含有教训人的意味。在指路、指示方向时应注意手指自然并拢，掌心向上，以肘关节为支点指向目标，切忌伸出食指来指向目标。

（2）用手指指点他人是不礼貌的行为。在任何情况下，都不要用大拇指自己的鼻尖和用手指指点他人。提到自己时应用手掌轻按自己的左胸，那样会显得端庄、大方、可信。

（3）介绍某人、为某人指示方向或请人做某事时，应该掌心向上，即把手臂伸平，手指自然并拢，以肘关节为轴，上身稍向前倾，以示敬重。这种手势被认为是诚恳、恭敬、有礼貌的。

任务三　着装与服饰礼仪

随着礼仪从简趋势的发展，许多国家对服饰的要求也有逐渐简化的趋势。现在人们对服装的要求，着重合身、得体、舒适、美观、大方，讲究适合自己的身份、年龄、性格以及需要出席的场合。

一、西装

西装是一种国际流行、经久不衰的服装，是男性服装中最受欢迎，也最耐看的一种。它样式美观大方、穿着方便简捷，使人显得潇洒精神，能适应的场合很广泛。穿西装需要注意如下礼仪规范。

1. 必须合体

外套领子应紧贴而且低于领口衬衣，外套袖子的长度以达到手腕为宜，衬衣袖子应比外套袖长点，胸围的标准以穿一件羊毛衫后松紧适中为宜。要特别注意后背不能吊起，也就是应使外套的下摆线与地面平行。

2. 必须整洁笔挺

西装必须干净、笔挺，袖口不应向上翻卷。

3. 配好衬衫

穿西装必须配长袖衬衣，并将衬衣的纽扣扣好。领口一定要硬实、挺括，外露的部分一定要平整干净。衬衣下摆要掖在裤子里。衬衣的领口和袖口要干净。

4. 系好领带

凡在比较庄严、正规的场合穿西装都须系领带。领带的长度以下垂到皮带扣处为佳，色彩和图纹则可依西装色彩而搭配，一般以冷暖色相间为好。领带夹一般夹在第四、五个纽扣之间。

5. 必须配皮鞋

无论男女，穿西装必须配皮鞋，一般以黑色硬底皮鞋较为常见。皮鞋无论新旧，保持鞋面的清洁是第一位的。参加重大公共活动，特别是涉外交际活动前，一定要擦皮鞋，这是对他人的尊重。

二、中山装和旗袍

（1）穿中山装时，应将前门襟扣、领扣、袋盖扣全部扣好；口袋内不宜放置杂物，以保持平整笔挺；着中山装时还要注意上下身衣料、颜色统一，质地考究。

（2）作为礼服的旗袍，最好是单一颜色，面料以典雅华丽、柔美挺括的织锦缎、古香缎和金丝绒为佳；在隆重的正式场合，旗袍长度最好达到穿着者的脚背；开衩的高度，原则上应在膝盖以上，大腿中部以下；穿旗袍可配高跟或半高跟皮鞋，亦可配面料高级、制作考究的布鞋。

三、牛仔装

穿牛仔装时一定要注意场合，一般出席正式场合时不能穿牛仔装，而在休闲、郊游等场合时，穿牛仔装则是最佳的选择。

四、风衣

风衣是大衣的一种。在正式场合一般不宜穿风衣。在其他场合，风衣可使人增加不少潇洒的风采。穿风衣时让衣领竖起七分高，腰带随意缚上，最下面的纽扣可以松开。

五、男士服饰礼仪

1. 围巾

男士在上班时，或出席较正式的场合应该选用棕色、灰色、深蓝色的围巾，酱紫色也可以。进入室内后，应将围巾连同外衣、帽子一起脱下。注意，男士在任何时候，在室内都不可以戴围巾、帽子、手套。

2. 手帕

男士应该随身配备两块手帕。按用途可以分为装饰用手帕和普通手帕两种，装饰用手帕不可以当作普通手帕使用，普通手帕用来擦汗、擦手等。

3. 鞋袜

适合男士穿着的皮鞋为黑色、深棕色和咖啡色。黑色皮鞋可以和各色衣服相配，而且适用于各种场合。最正规的男士皮鞋为系带式。个子矮的男士，鞋跟可以适当加高。在工作场合中，穿西装应该配深色的袜子，袜子要高及脚踝。绝对不可以穿很短的、松松垮垮的或者有破洞的袜子。否则当你坐下来的时候，露出腿上的汗毛是不雅观的。若是穿运动鞋，最好配便装或是牛仔服，不要穿西装。

4. 包

男士用的手提包或是公文包上不宜带有装饰物，以深棕色或黑色为宜。公文包是男士的隐形名片，是一位男士品位的象征，公文包中可放入名片夹、记事本、笔、资料等物品，但不能放太多东西，否则会显得比较乱。

5. 伞

男士用的伞应该是深色的非折叠伞，以蓝色为最佳，灰色和黑色也不错。当然，若为了使用方便，折叠伞也可以。

6. 笔

男士应该最少携带一支笔，插在西装外套的内侧口袋中。

六、女士服饰礼仪

1. 帽子

根据服饰礼仪的要求，女士在参加正式的仪式时，要戴上与自己服装相搭配的帽子。但在公务活动中，女士通常在室内不宜戴帽子，尤其不宜戴装饰性过强的帽子；在社交活动中，女士在室内允许戴帽子，但在对长者表示敬意或在观看演出时，应暂时把帽子摘下来。

2. 围巾

女士的围巾应与服装协调。若服装颜色单一，或是颜色较为暗淡，应该戴花色围巾；若服装色彩丰富，则应戴素色围巾。女士的围巾应与体型相协调：个子高的人，围巾宜长一些；个子矮的人，围巾宜短一些。

3. 腰带

作为男女共同的装饰物，腰带的选择也要考虑身材问题。个子矮的人系细腰带，个子高而腰部细的人系宽腰带；上身较长的人应该系较宽的腰带，且应向上系，上身较短的人则应该把腰带向下系；腰较粗的人不宜系闪亮的金属腰带，也不宜系颜色过艳的腰带，而应系深色、中等宽度的腰带。

4. 鞋袜

从色彩上讲，女士的皮鞋适应最广的颜色也是黑色。若是经济条件允许，可以多买几双不同颜色的皮鞋来与服装进行搭配。应该注意的是小腿粗的人不宜穿细高跟皮鞋；小腿细的人不宜穿粗跟皮鞋；X形腿或是O形腿的女士，不宜穿高跟皮鞋。另外，身穿新款时装，脚蹬运动鞋或黑布鞋也会显得不伦不类。女士的袜子也应该搭配好，若穿裙装应配高筒丝袜，其颜色最好是肉色，它可以与各色衣裙搭配。腿太细的人不宜穿黑色长袜，那样会显得腿更细。腿太粗的人不宜穿白色长袜，那样会显得腿更粗。需要注意的是，浅色衣裙配黑色长袜是错误的，带有大花纹的袜子穿到正式场合是不得体的。袜子的长短应该以裙子的下摆掩盖住为好，肉色连裤袜为最佳选择。

5. 首饰

首饰是指耳环、项链、胸针、戒指及手镯、手链等，它是服装美感的一种延伸。首饰选配得当，会给人增添魅力，但若选配不当，则会影响服饰的美感。首饰的选配应当与场合、身材、脸型、服装类型、身份等相协调。

（1）耳环。

耳环的佩戴要与脸型相适宜：圆脸型的女士适宜选用链式耳环，不要戴又大又圆的耳环；方脸型的女士适宜选用小耳环，不要戴过于宽的耳环；长脸型的女士适宜选用宽大的耳环，不要戴过长而且下垂的耳环；肤色深的女士宜戴浅色耳环；肤色浅的女士宜戴深色耳环。

（2）项链。

佩戴项链时，要注意与个人身材相配。脖子细长的女士适宜佩戴较细的项链，脖子短粗的女士适宜戴较粗的项链；尖型脸或瓜子脸的女士，可选择较细、较短、秀气的项链，方型脸或圆脸的女士，宜选细长些的项链。

佩戴项链还要注意与服装相配。一般而言，穿运动便装或是工作服不应佩戴大耳环之类的饰物；穿艳丽的衣裙宜佩戴简洁的项链，穿素色的衣裙则可佩戴色泽明艳、款式别致的项链；身着旗袍或彩裙时，佩戴的项链不仅要注意其长短，还要考虑其与旗袍或彩裙的颜色以及发式是否相配。

（3）胸针。

胸针，是一年四季都可以佩戴的装饰品。胸前佩戴一枚精巧而醒目的胸针，不仅能够给人以美感，而且可以提升衣服和首饰的搭配效果。胸针的款式多种多样，质地和颜色以及佩戴位置则需要考虑与服装的整体协调性，并且应该根据季节进行更换：夏季宜佩戴轻巧型胸针；冬季宜佩戴较大、款式精美、材质华贵的胸针，而春季和秋季则可佩戴与大自然色彩相协调的胸针。

（4）戒指。

戒指一般只戴一枚，而且应戴在左手手指上。戒指有宽有窄，镶的宝石也有大有小。年轻女士或少女戴戒指，以整镶大块宝石为佳。中年女士可戴大块宝石或小碎宝石拼镶的戒指，也可以戴没有镶宝石的素圈戒指，这种戒指无雕刻修饰。戒指不宜乱戴，它戴在哪个手指上所表达的含义不同，这是一种沉默的语言，也是一种表现身份的标志。注意，不要一次戴两枚戒指。短而粗的手指头不宜戴重而宽的戒指。

（5）手镯与手链。

手镯与手链都是手腕部分的装饰品。手镯一般应戴在右手上，这样可以让手镯得到更多的展示机会。宝石镶的手镯应紧贴在手腕上部。如果是短粗胖的手型，不宜戴宽手镯，戴手镯时不应同时戴手表。手链则没有更多的讲究，左、右手均可佩戴，手链的粗细应根据手型来选择。

最后，值得一提的是，女士们在上班、运动或旅游时尽量少戴首饰为好；晚宴、舞会或喜庆场合最适宜佩戴首饰；另外，丧礼场合只允许佩戴结婚戒指、珍珠项链等素色首饰。

任务四　站姿与行姿礼仪

美是一种整体的感受，再绝伦的容貌，再标准的身材，若配上萎靡不振的姿势、粗鲁无礼的举止，美就无从谈起。站立、行走、坐卧是人体最基本的三种姿态，其中站立和行走两种姿态在礼仪中用得最多。

一、基本站姿

基本站姿是在我们的日常社交活动中，体现出我们良好修养的站立姿势。从其正面来看，主要的特点是头正、肩平、身直；如果从侧面去看，其主要轮廓线则为含颌、挺胸、收腹、直腿。

(1) 头正：两眼平视前方，嘴微闭，收颌梗颈，表情自然，稍带微笑。

(2) 肩平：两肩平正，微微放松，稍向后下沉。

(3) 背垂：两肩平整，两臂自然下垂，中指对准裤缝。

(4) 躯挺：胸部挺起，腹部往里收，臀部向内向上收紧。

(5) 腿并：两腿直立、贴紧，脚跟靠拢，两脚平开，成60°。

1. 男、女性服务人员的站姿

(1) 男性服务人员的站姿。男性服务人员在站立时，要注意表现出男性刚健、潇洒、英武、强壮的风采，要力求给人一种"壮"的美感。具体来讲，在站立时，男服务人员可以将双手相交握，叠放于腹前，或者相背握，放于身后。双脚可以叉开，大致上与肩部同宽，这个宽度为叉开后双脚之间相距的极限。

(2) 女性服务人员的站姿。女性服务人员在站立时，则要注意表现出女性轻盈、妩媚、娴静、典雅的韵味，要努力给人以一种"静"的美感。具体来讲，在站立时，女性服务人员可以将双手相交握，叠放于腹前。双脚可以在以一条腿为重心的前提下，稍许叉开。

2. 几种常见站姿

(1) 叉开站姿：即两手在腹前交叉，右手搭在左手上直立。这种站姿，男子可以双脚分开，两脚间距离不超过20厘米。女子可以用小丁字步站立，即一脚稍微向前，脚跟靠在另一脚内侧，这种站姿端正中略带自由，郑重中略有放松。在站立中身体重心还可以在两脚间轮换，以减轻疲劳，这是一种常用的接待站姿。

(2) 背手站姿：即双手在身后交叉，右手贴在左手外面，贴在两臂之间。两脚可分可并，分开时，不超过肩宽，脚尖展开，两脚平开，成60°。挺胸，立腰，收腹，双目平视。这种站姿优美中略带威严，易产生距离感，所以常见于门童和保卫人员，如果两脚改为并立，则突出了尊重的意味。

(3) 背垂手站姿：即一手背后，贴在臀部，另一手自然下垂，手自然弯曲、中指对准裤缝，两脚既可以并拢，也可以分开，还可以成小丁字步。这种站姿，男士较常用，可以显得大方、自然、洒脱。

二、服务人员的常用站姿

服务人员每天都要和宾客打交道，服务人员良好的仪态是个人风度和气质的表露，具体而言包括站、坐、行走。总的要求是站有站姿，坐有坐姿，行走自然，姿态优美，端正稳重，落落大方。这里着重介绍站姿。

1. 恭候顾客的站姿

双脚可以适度地叉开，可以相互交替放松，即允许在一只脚完全着地的同时，抬起另外一只脚的后跟，而脚尖着地。双腿可以分开一些，但不宜离得过远。肩、臂应自然放松，手部不宜随意摆动。上身应挺直，并且目视前方。头部不要晃动，下巴须避免向前伸出。

2. 柜台待客的站姿

采用柜台待客的站姿时，要求如下。

（1）手脚可以适当放松，不必始终保持高度紧张的状态。

（2）可以在以一条腿为重心的同时，将另一条腿向外侧稍稍伸出一些，使双脚呈叉开状。

（3）双手可以指尖向前，轻轻扶在身前的柜台上。

（4）双膝要尽量地伸直，尽量不要出现弯曲。

（5）肩、臂自由放松，脊背伸直。

3. 为顾客服务的站姿

采用为顾客服务的站姿时，头部可以微微侧向顾客，一定要保持面部的微笑，手臂可以持物，也可以自然地下垂。小腹不宜凸出，同时臀部应当紧缩。双脚一前一后站成"丁字步"，即一只脚的后跟靠在另一只脚的内侧，在双膝靠拢的同时，两腿的膝部前后略为重叠。

三、应避免的不良站姿

所谓的不良站姿，指的就是人们不应当出现的站立姿势。它们要么姿态不雅，要么对他人缺乏敬意。如果顺其自然，不加以避免，往往会使你的形象受损。

需要努力克服的不良站姿大致有以下七种。

1. 身躯歪斜

古人对站姿曾经提出过基本的要求："立如松。"这说明，在人们站立之时，以身躯直正为美，而不允许其歪歪斜斜。在站立之时，若是身躯出现明显的歪斜，例如头偏、肩斜、身歪斜、腿屈，或是膝部不直，不但会让你看上去东倒西歪，直接破坏人体的线条美，而且还会令人觉得你颓废消沉、萎靡不振、自由放纵。

2. 弯腰驼背

弯腰驼背，其实是一个人身躯歪斜时的一种特殊表现。除去腰部弯曲、背部弓起之外，其大都还会同时伴有颈部弯缩、胸部凹陷、腹部挺出、臀部撅起等一些其他的不良体态。凡此种种，显得一个人缺乏锻炼，健康状况不佳，无精打采，往往对个人形象的损害极大。

3. 趴伏倚靠

在工作岗位上，如果要确保自己"站有站相"，就不能在站立之时自由散漫，随便偷懒。在站立之际，随随便便地趴在一个地方，伏在某处左顾右盼，倚着墙壁或者前趴而后靠，都是不允许的。

4. 脚位不当

在工作岗位上站立时，双腿的具体位置是有一定规则的。在正常情况下，在站立之时双脚呈现"V"字式、丁字式、平行式等，通常都是允许的。所谓"人"字式脚位，指的是站立时两脚脚尖靠在一处，而脚后跟之间却大幅度地分开，有时，这一脚位又称为"内八字"；所谓蹬踏式脚位，则是指站立时为了图舒服，一只脚站在地上的同时，将另外一只脚踩在鞋帮上、踏在椅面上、蹬在窗台上，甚至跨在桌面上。这两种脚位，都是不堪入目的，歪着脚站立，也十分不雅。

5. 手位不当

在站立时，与脚位不当一样，如果你的手位不当，同样也会破坏站姿的整体效果。手位不当在站立时的表现主要有：将放在衣服的口袋里、将双手抱在胸前、将两手放在脑后、将双肘支于某处、将两手托住下巴，还有就是手持私人物品。

6. 半坐半立

在工作岗位上，你必须严守自己的岗位规范，该站就站，当坐则坐，绝不允许在需要自己站立之时，为贪图安逸而擅自采取半坐半立之姿。当一个人半坐半立时，既不像站，也不像坐，只能让别人觉得他有些过分的随意。

7. 浑身乱动

在站立时，允许略做体位变动。不过从总体而言，站立是一种相对静止的形态，因此不宜在站立时频繁地变换姿势，甚至乱动。手臂挥来挥去、身躯扭来扭去、腿脚抖来抖去，都会使一个人的站姿变得十分难看。

四、行姿的基本要求

行姿,指的是人在行走之时所采取的具体姿势。从总体上来讲,行姿是一种人体的动态。它以人的站姿为基础,属于站姿的延续动作。

人应当掌握的行姿的基本要点是:身体协调、姿势优美、步伐从容、步态平稳、步幅适中、步速均匀、走成直线。

为此,在行进之时,应当特别关注以下六方面。

1. 方向明确

在行走时,必须保持明确的行进方向,尽可能地使自己在一条直线上行走。做到此点,往往会给人以稳重之感。具体的方法是,行走时脚尖正对着前方,形成一条虚拟的直线。每行进一步,脚跟部都应落在这一条直线上。

2. 步幅适度

步幅(步度)所指的是人们每走一步,两脚之间的正常距离。通俗地讲,步幅就是人们在行进时脚步的大小,虽说步幅的大小往往会因人而异,但对大多数人来讲,在行进之时,最佳的步幅应为本人的一脚之长。即行进时所走的一步距离,应当与本人一只脚的长度相近。即男子每步约40厘米,女子每步约36厘米。与此同时,步子的大小,还应当大体保持一致。

3. 速度均匀

人们行进时的具体速度,通常叫作步速。通常来讲,步速可以有所变化,但在某一特定的场合,最好保持均匀,而不要变化过大。

一般认为,在正常情况下,每分钟走60~100步比较合适。

4. 重心放准

人们在行进时,能否放准身体的重心极其重要。正确的做法是:起步之时,身体须向前微倾,身体的重心要落在前脚掌上。在行进的整个过程之中,应注意使自己身体的重心随着脚步的移动不断地向前过渡,而切勿让身体的重心停留在自己的脚后跟上。

5. 身体协调

人们在行进时,身体的各个部分之间必须进行完美的配合。在行进时如欲保持身体的和谐,就需要注意:走动时要以脚跟先着地,膝盖在脚部落地时应当伸直,腰部要成为重心移动的轴线,双臂要在身体两侧一前一后地自然摆动。在以上细节中,我们若是出了一点差错,行进的姿势就有可能不伦不类了。

6. 造型优美

人们在行进时,保持自己整体造型的优美是不容忽视的一个大问题。要使自己在行进之中保持优美的身体造型，就一定要做到昂首挺胸，步伐轻松而矫健。其中最为重要的是，行走时应面对前方，两眼平视，挺胸收腹，直起腰、背，伸直腿部，从正面看上去全身犹如一条直线。

人们在行进时，如果真正掌握了上述六个方面，其行姿往往会令他人刮目相看。

应当指出的是，由于男女有别，男士与女士在行进时，除了在原则问题上大体一致以外，各自也有各自的风格。

一般而言，男士在行进时，通常速度稍快，脚步稍大，步伐奔放有力，这充分展示出男士的阳刚之美；女士在行进时，速度较慢，脚步较小，步伐轻快飘逸，这得体地表现出女士的阴柔之美。既然是一种常态，这种区别早已为人们所默认。

五、陪同引导时的行姿

陪同，是指陪伴别人一同行进；引导，则是指在行进中带领别人。

陪同引导客人时，若双方并排行进，陪同者或引导者应居于左侧；若双方单行行进，陪同者或引导者则应位于客人左前方约一米的位置；当服务对象不熟悉行进方向时，一般不应请其先行，同时也不应让其走在外侧。

陪同引导客人时，一定要处处以客人为中心。行进的速度须与客人的行进速度相协调，切勿我行我素，走得太快或太慢。每当经过拐角、楼梯或道路坎坷、光线不佳之处时，须提醒对方留意脚下。

陪同引导客人时，有必要采取一些特殊的姿势。请客人开始行进时，应面向对方，稍许欠身。在行进中与客人交谈或答复其提问时，头部、上身应转向对方。

六、变向行走的规范

所谓变向行走，就是在行进之中变换自己的方向，主要包括除常规前行之外的后退、侧行、前行转身、后退转身，等等。

1. 后退

扭头就走是失礼的行为，如果想变换自己的行进方向，可采用先面向同行者后退几步，方才转体离去的方法。通常面向同行者后退至少两步，且后退时步幅宜小、脚宜轻擦地面。转体时，应身先头后。先转头或头与身同时转向，均为不妥。

2. 侧行

在行进时，有两种情况需要侧身而行：一是与同行者交谈之时，此时的具体做法是，转向同行者，距对方较远一侧的肩部超前，距对方较近一侧的肩部稍后，身体与同行者保持一定距离；二是与他人狭路相逢时，此时宜两肩一前一后，胸部转向对方，而不是背向对方。

3. 前行转身

前行转身，指在向前行进之中转身而行。在前行中向右转身，应以左脚掌为轴心，在右脚落地时，向右转体90°同时迈出右脚；在前行中向左转身，应以右脚掌为轴心，在左脚落地时，向左转体90°，同时迈出左脚。

4. 后退转身

后退转身，指在后退之中转身而行。它可分为三种情况，一是后退右转。先退几步，以左脚掌为轴心，向右转体90°，同时向右迈出右脚。二是后退左转。先退几步，以右脚掌为轴心，向左转体90°，同时向左迈出左脚。三是后退后转。先退几步，以左脚为轴心，向右转体180°，然后迈出右脚；或是以右脚为轴心，向左转体180°，然后迈出左脚。

任务五　蹲姿与坐姿礼仪

蹲姿是由站姿转变为两腿弯曲和身体高度下降的姿势。蹲姿其实只是人们在比较特殊的情况下所采用的一种暂时性体态。在日常生活中，我们时常会用到蹲姿，这就要求我们要注意蹲姿礼仪，要做到自然、得体、大方。

人人都要坐，要说"不会坐"有点不可思议。但其实并不是每个人都能掌握坐姿的奥妙，什么样的人该怎么坐，如何保持最佳坐姿，这都是我们应该掌握的。由于双腿位置的改变，可以形成多种优美的坐姿，如双腿平行斜放，两脚呈小八字形等，注意坐姿礼仪，需要做到的是：沉着，稳重，冷静，认真。

一、蹲姿的适用情况

在许多场合，通常不允许采用蹲姿。只有遇到了以下四种比较特殊的情况，才允许我们酌情采用蹲姿。

（1）照顾自己。有时，我们需要整理一下自己的鞋袜，这时可采用蹲姿。

（2）捡拾地面物品。当自己或他人的物品落到地上，或需要从低处取物品的情况发生时，不宜弯腰捡拾拿取，不然身体便会呈现前倾后撅之态，极不雅致。面向或背对着他人时这么做，则更为失态。此刻，采用蹲姿最为恰当。

（3）整理工作环境。在需要对自己的工作环境进行整理时，可采用蹲姿。

（4）给予客人帮助。需要以蹲姿帮助客人时，可以这样做。当客人坐得较低,以站姿为其服务既不文明,也不方便时,亦可改用蹲姿。

除了上述情况之外,一个人毫无理由、旁若无人地蹲在那里,是失礼的表现。

二、得体的蹲姿

女士在公共场所拿取低处的物品或拾起落在地上的东西时,不妨使用下蹲和屈膝动作,这可以避免弯曲上身和翘臀部;特别是穿裙子时,上衣容易自然上提,进而露出臀部皮肤和内裤,这很不雅。即使穿着长裤,两腿展开平衡下蹲,撅起臀部的姿态也不美观。

蹲姿的基本要领是:站在所取物品的旁边,蹲下屈膝去拿,不能低头,也不要弓背,要慢慢地把腰部低下;两腿合力支撑身体,掌握好身体的重心,臀部向下移。

优雅的蹲姿,一般有两种。

1. 交叉式蹲姿

下蹲时右脚在前,左脚在后,右小腿垂直于地面,全脚着地。左腿在后,与右腿交叉重叠,左膝由后面伸向右侧,左脚跟抬起,脚掌着地。两腿前后靠紧,合力支撑身体。臀部向下,上身稍前倾。

2. 高低式蹲姿

下蹲时左脚在前,右脚稍后(不重叠),两腿靠紧向下蹲。左脚全脚着地,小腿基本垂直于地面,右脚脚跟提起,脚掌着地。右膝低于左膝,左膝内侧靠于左小腿内侧,形成左膝高右膝低的姿势,使臀部向下,基本上以右腿支撑身体。男士选用这种蹲姿时,两腿之间可有适当距离。

三、标准的蹲姿

蹲姿不像站姿、走姿、坐姿那样使用频繁,因而往往被人忽视。一件东西掉在地上,一般人都会很随便地弯下腰,把其捡起来。但这种姿势会使臀部后撅,上身前倾,显得非常不雅。讲究礼仪的人,就应当讲究蹲姿,标准的蹲姿有以下四种。

1. 高低式蹲姿

男士在选用这一方式时往往更为方便。其要求是:下蹲时,双腿不并排在一起,而是左脚在前,右脚稍后。左脚应完全着地,小腿基本上垂直于地面;右脚则应脚掌着地、脚跟提起。此刻右膝低于左膝,右膝内侧可靠于左小腿的内侧,形成左膝高右膝低的姿态。臀部向下,基本上用右腿支撑身体。

2. 交叉式蹲姿

交叉式蹲姿通常适用于女士，尤其是穿短裙的女士，这种蹲姿的特点是造型优美典雅。其特征是蹲下后双腿交叉在一起，其要求是：下蹲时，右脚在前，左脚在后，右腿垂直于地面，全脚着地，右腿在上，左腿在下，二者交叉重叠；左膝由后下方伸向右侧、左脚跟抬起，并且脚掌着地；两脚前后靠近，合力支撑身体；上身略向前倾，臀部向下。

3. 半蹲式蹲姿

半蹲式蹲姿多于行进之中临时采用。基本特征是身体半立半蹲，其要求是：在下蹲时，上身稍许弯下，但不宜与下肢构成直角或锐角；臀部向下而不是撅起；双膝略为弯曲，其角度根据需要可大可小，但一般均应为钝角；身体重心应放在一条腿上。

4. 半跪式蹲姿

半跪式蹲姿又叫单跪式蹲姿。它是一种非正式蹲姿，多用于下蹲时间较长，或为了用力方便之时。它的特征是双腿一蹲一跪，其要求是：下蹲之后，改为一腿单膝着地，臀部坐在脚尖之上，脚尖着地；另外一条腿则应当全脚着地，小腿垂直于地面；双膝应同时向外，双腿应尽力靠拢。

四、入座的礼节

入座，又叫就座或落座。入座时的基本要求如下。

1. 在适当之处入座

在公共场所入座时，一定要坐在椅子、凳子等常规的座位上，而坐在桌子上、窗台上、地板上，都是失礼的。

2. 在他人之后入座

需要与他人一起入座时，出于礼貌，一定要请他人先入座，切勿抢先入座。

3. 从座位左侧入座

最得体的入座方式是从左侧入座。当椅子被领位者拉开后，我们的身体在几乎要碰到桌子的时候停下，领位者会把椅子推进来，这时，我们的腿刚好碰到后面的椅子，这样就可以坐下来了。用餐时，上臂和背部要靠到椅背上，腹部和桌子保持约一个拳头的距离。最好避免双脚交叉的坐姿。

4. 注意尊卑

与他人同时入座时，应当注意座位的尊卑，并且主动将上座让于他人。

5. 毫无声息地入座

入座时，要放慢速度，放松动作，尽量不要使座椅乱响，发出噪声。

6. 坐下后调整体位

为使自己坐得舒适，可在坐下之后调整一下姿势或整理一下衣服，但是这种动作不可在与他人同坐时进行。

7. 以背部接近座椅

在他人面前入座，最好背对着自己的座椅靠背，这样就会背对着他人了。得体的做法是：先侧身走近座椅，背对其站立，右腿后退一点，以小腿确认一下座椅的位置，然后顺势坐下。必要时，可以用手扶着座椅的扶手。

8. 向周围之人致意

在入座时，若附近坐着熟人，应主动跟对方打招呼。若附近坐着的人并不认识，亦应先向其点点头。在公共场所，如果想坐在他人身旁，则还须先征得他人的同意。

五、坐下时上身的姿势规范

当你入座以后，身体的躯干部位无论是保持不动还是左右不停地摆动，都是失礼的行为。

1. 端正头部位置

坐好后，不要出现仰头、低头、歪头、扭头等情况。坐定之后，应当头部抬直，双目平视，下巴内收。出于实际需要，可以低头俯看桌上的文件、物品，但在回答他人问题时，则务必要抬起头来。在与他人交谈时，可以面向正前方或者侧向他人，但不准将后脑勺对着他人。

2. 端正躯干部位

就座时，躯干要挺直，胸部要挺起，腰部与背都一定要直立。

在尊长面前，一般不宜坐满椅面。坐到椅面的四分之三左右，于礼最为适当；与他人交谈时，为表示对其重视，不仅应面向他人，而且同时应将整个上身倾向他人。不过一定要注意，侧身而坐时，躯干不要歪扭倾斜。

3. 摆正手臂的位置

（1）放在身前桌子上。将双手平扶在桌子边沿，或是双手相握置于桌上，都是可以的，有时，亦可将双手叠放在桌上。

（2）放在一条大腿上。侧身与人交谈时，通常宜将双手置于自己所在侧面一方的那条大腿上。具体方式有两种：其一是双手叠放；其二则是双手相握。

（3）放在两条大腿上。具体方式有三种：其一是双手各自扶在一条大腿上；其二是双手叠放后放在两条大腿上；其三则是双手相握后放在两条大腿上。要强调的是，不能将手放在小腿上。

（4）放在皮包或文件上。当穿短裙的女士入座，而身前没有遮挡时，为避免"走光"，一般可将自己随身携带的皮包或文件放在并拢的大腿上，随后，即可将双手或扶或叠或握，置于其上。

六、坐下时下肢的姿势规范

上身的姿势已经规范了，现在要讲的是怎样进行下肢的姿势规范，有人认为下肢的姿势不重要，但其实从礼仪角度来讲，下肢的姿势规范同样重要。

一般来说，下肢的姿势主要由双腿与双脚所处的不同位置决定。常用的姿势主要有以下七种。

（1）双腿垂直式。它适用于最正规的场合。主要要求是：上身与大腿、大腿与小腿，都应当形成直角，小腿垂直于地面，双膝、双脚包括两脚的跟部，都要完全并拢。

（2）垂腿开膝式。它多为男士所用，亦较为正规。主要要求是：上身与大腿、大腿与小腿皆为直角，小腿垂直于地面。双膝允许分开，但不得超过肩宽。

（3）双腿斜放式。它适于穿裙子的女士在较低处就座时所用。主要的要求是：双腿首先并拢，然后双脚同时向左或向右侧斜放，力求使斜放后的腿部与地面成45°。

（4）前伸后屈式。它是适用于女士的一种坐姿。主要要求是：大腿并紧之后，向前伸出一条腿，并将另一条腿屈后，两脚掌着地，双脚前后要保持在一条直线上。

（5）大腿叠放式。通常男士在非正式场合时采用。主要要求是：两条腿的大腿部分叠放在一起；叠放之后位于下方的一条腿的小腿垂直于地面，脚掌着地；位于上方的另一条腿的小腿则向内收，同时宜以脚尖向下。

（6）双脚交叉式。它适用于各种场合，男女皆可用。主要要求是：双膝先要并拢，然后双脚在踝部交叉。交叉后的双脚可以内收，也可以斜放，但不宜向前方远远地直伸出去。

（7）双脚内收式。它适合在一般场合采用，男女皆可用。主要要求是：两条大腿首先并拢，双膝可以略微打开，两条小腿可在稍许分开后向内微屈，双脚脚掌着地。

七、端庄的坐姿

坐姿是一种静态造型，是非常重要的仪态。在日常工作和生活中，离不开这种举止。对男士而言，更有"坐如钟"一说。端庄优美的坐姿，会给人以文雅、稳重、大方的美感。

1. 男士六种优美坐姿

（1）标准式。上身正直上挺，双肩正平，两手分别放在与手同侧的大腿或座椅的扶手上，双膝并拢，小腿垂直于地面，两脚自然分开，成45°。

（2）前伸式。在标准式的基础上，两小腿前伸一脚的长度，左脚向前伸出半个脚掌长度，脚尖不要翘起。

（3）前交叉式。小腿前伸，两脚踝部交叉。

（4）屈直式。左小腿回屈，前脚掌着地，右脚前伸，双膝并拢。

（5）斜身交叉式。两小腿交叉向左斜出，上体向右倾，右肘放在座椅扶手上，左手扶座椅扶手。

（6）重叠式。右腿叠在左腿膝上部，右小腿内收、贴向左腿，脚尖自然地向下垂。

2. 女士八种优美坐姿

（1）标准式。轻缓地走到座位前，转身后两脚成小丁字步，左前右后，两膝并拢的同时上身前倾，向下落座。如果穿的是裙装，在落座时要用双手在后边从上往下把裙子拢一下，以防坐出皱褶或因裙子被折叠而使腿部裸露过多。坐下后，上身挺直，双肩平正，两臂自然弯曲，两手交叉叠放在两腿中部，并靠近小腹。两膝并拢，小腿垂直于地面，两脚保持小丁字步。

（2）前伸式。在标准式的基础上，两小腿向前伸出，两脚并拢，脚尖不要翘起。

（3）前交叉式。在前伸式的基础上。右脚后缩，与左脚交叉，两踝关节重叠，两脚尖着地。

（4）屈直式。右脚前伸，左小腿屈回，大腿靠紧，两脚前脚掌着地，并在一条直线上。

（5）后点式。两小腿后屈，脚尖着地，双膝并拢。

（6）侧点式。两小腿向左斜出，两膝并拢，右脚跟靠拢左脚内侧，右脚掌着地，左脚尖着地，头和身躯向左斜。大腿、小腿要成90°，小腿要充分伸直，尽量展示其长度。

（7）侧挂式。在侧点式的基础上，左小腿后屈，脚绷直，脚掌内侧着地，右脚提起，用脚面贴住左脚踝，膝盖和小腿并拢，上身右转。

（8）重叠式。重叠式也叫"二郎腿"或"标准式架腿"等。

二郎腿一般被认为是一种不严肃、不庄重的坐姿，女士尤其不宜采用这种坐姿。其实，这种坐姿常常被采用，因为只要注意上边的小腿往回收、脚尖向下这两个要求，不仅优美文雅、大方自然、富有亲切感，而且还可以充分展示女士的风采和魅力。

八、离座的礼节

入座时进行得很顺利,因此离座的礼节也非常重要,主要的要求如下。

1. 先有表示

离开座椅时,身旁如有他人在座,须先以语言或动作向其示意,随后方可站起身来。

2. 注意先后

与他人同时离座,须注意起身的先后次序:地位低于对方时,应稍后离座;地位高于对方时,则可先离座;双方身份近似时,可同时起身离座。

3. 起身缓慢

起身离座时,最好动作轻缓、无声无息,尤其要避免弄响座椅,或将椅垫、椅罩碰到地上。

4. 从左离开

离座起身后,尽可能地从左侧离开。

5. 站稳再走

离开座椅站稳之后,方可离去。要是起身便跑,或是离座后没有完全起身便走开,则会显得自己过于匆忙,有失礼节。

专题三

介绍礼仪

在日常工作当中，只要双方见面就少不了介绍这一环节。注意介绍礼仪是行为大方得体的表现。如何使双方正确记住彼此的姓名和相关情况是介绍者的责任。

任务一　介　　绍

一、自我介绍

自我介绍，就是在必要的社交场合中，把自己介绍给他人，以使他人认识自己。恰当的自我介绍，不但能增进他人对自己的了解，而且可以创造出意外的商机。

1. 把握时机

在社交场合中，如遇到下列情况，自我介绍就很有必要。

（1）与陌生人共处一室。

（2）陌生人对自己很有兴趣。

（3）他人请求你做自我介绍。

（4）在聚会上与陌生人共处。

（5）求助对象对你不太了解，或一无所知。

（6）前往陌生单位，进行业务联系时。

（7）在旅途中与他人不期而遇而又有必要接触时。

（8）初次登门拜访陌生人。

（9）初次利用大众媒体（如报纸、杂志、广播、电视、标语、传单）向社会公众进行自我推荐、自我宣传时。

（10）初次利用社交媒介，如信函、电话、电报、传真、电子邮件，与陌生人进行联络时。

2. 自我介绍方式

（1）工作式自我介绍的内容，包括本人姓名、供职单位及部门、担任职务或从事的具体工作三项。

（2）交流式自我介绍是一种刻意寻求与交往对象进一步交流沟通的自我介绍方式，希望对方认识自己、了解自己、与自己建立联系。介绍内容大体包括本人姓名、工作、籍贯、学历、兴趣以及与对方的某些熟人的关系等。

（3）问答式自我介绍是针对对方提出的问题进行解答。这种方式适用于应试、应聘和公务交往。在普遍社交场合也时常见到。

（4）礼仪式自我介绍是一种表示对交往对象友好和尊敬的自我介绍方式。适用于讲座、报告、演出、庆典、仪式等正规的场合。内容包括姓名、单位、职务等项。在进行礼仪式自我介绍时，还应多加入一些适当的谦辞和敬语，表示自己尊敬对方。

（5）应酬式自我介绍的方式最简洁，往往只包括本人姓名一项。它适合于一些公共场合和一般性的社交场合，如途中邂逅、宴会现场、舞会、通电话时。它的介绍对象，主要是不准备深入接触的陌生人。

3. 掌握分寸

（1）力求简洁，尽可能地节省时间。进行自我介绍通常以半分钟左右为宜，如无特殊情况最好不要长于一分钟。为了提高效率，在进行自我介绍时，可利用名片、介绍信等资料加以辅助。

（2）在适当的时间进行。进行自我介绍，最好选择在对方有兴趣、有空闲、情绪好、干扰较小、有要求之时。如果对方兴趣不高、工作很忙、干扰较大、没有要求、休息用餐或正忙于其他交际之时，则不太适合进行自我介绍。

4. 讲究态度和语言

（1）要保持自然、亲切、随和的态度，落落大方，笑容可掬。

（2）语气自然，语速正常，语音清晰。生硬冷漠的语气、过快过慢的语速，或者含糊不清的语音，都会严重影响个人形象。

（3）充满信心和勇气。忌讳妄自菲薄、心怀怯意。要敢于正视对方的双眼，显得胸有成竹，从容不迫。

5. 追求真实

进行自我介绍时所表达的各项内容，一定要实事求是、真实可信。过分谦虚、一味贬低自己去讨好别人，或者自吹自擂、夸大其词，都是不可取的。

二、介绍他人

在人际交往过程中，我们经常需要在他人之间架起人际关系的桥梁。

介绍他人又称第三者介绍，是第三者为不相识的双方引见、介绍的一种交际方式。介绍他人，通常是双向的：即对被介绍双方都做一番介绍。有时，也进行单向的他人介绍，即只将一方介绍给另一方。

介绍他人，需要把握下列三方面内容。

1. 介绍掌握的方式

由于实际需要的不同，为他人做介绍时的方式也不尽相同。

（1）一般式（也称标准式）。以介绍双方的姓名、单位、职务等为主，适用于正式场合。例如："请允许我来为两位引见一下。这位是安利公司营销部主任王小姐，这位是刘氏集团副总胡先生。"

（2）礼仪式。是一种最为正规的他人介绍，适用于正式场合。其语气、表达、称呼上都更为规范和谦恭。例如："方先生，您好！请允许我把深圳利格公司的执行总裁董亮先生介绍给您。"

（3）推荐式。介绍者经过精心准备再将某人举荐给别人，介绍者通常会对前者的优点加以重点介绍。通常，适用于比较正规的场合。如："这位是刘洋先生，这位是天海公司的赵天海董事长。刘先生是经济学博士，管理学专家。×总，我想您一定有兴趣和他聊聊吧。"

（4）引见式。介绍者所要做的，是将被介绍双方引到一起，适用于普通场合。如："两位认识一下吧，大家其实都曾经在一个出版社共事，只是不在一个部门，请两位慢慢聊吧。"

（5）简单式。只介绍双方姓名这一项内容，甚至只提到双方姓氏而已，适用于一般的社交场合。如："我来为大家介绍一下。这位是胡总，这位是钱董，希望大家合作愉快。"

（6）附加式（也可以叫强调式）。用于强调其中一位被介绍者与介绍者之间的关系，以期引起另一位被介绍者的重视。如："大家好！这位是远大公司的业务主管周小姐，这是犬子高星，请各位多多关照。"

2. 了解介绍的顺序

根据商务礼仪规范，在处理为他人做介绍的问题上，必须遵守"位尊者优先了解情况"的规则：先要确定双方地位的尊卑，然后先介绍位卑者，后介绍位尊者，这样，可使位尊者先了解位卑者的情况。

根据规则，为他人介绍时的礼仪顺序大致有以下七种。

（1）介绍长辈与晚辈认识时，应先介绍长辈。

（2）介绍女士与男士认识时，应先介绍女士，后介绍男士。

（3）介绍已婚者与未婚者认识时，应先介绍未婚者，后介绍已婚者。

（4）介绍上级与下级认识时，应先介绍下级，后介绍上级。

（5）介绍同事、朋友与家人认识时，应先介绍家人，后介绍同事、朋友。

（6）介绍与会先到者与后到者认识时，应先介绍后到者，后介绍先到者。

（7）介绍来宾与主人认识时，应先介绍主人，后介绍来宾。

3. 注意介绍时的细节

在介绍他人时，介绍者与被介绍者都要注意细节。

（1）在为介绍者与被介绍者做介绍之前，要先征求被介绍双方的意见。

（2）被介绍者在介绍者询问自己是否有意识认识某人时，一般应欣然接受，如果实在不愿意，应向介绍者说明缘由，取得谅解。

（3）当介绍者走上前来为被介绍双方进行介绍时，被介绍双方均应起身站立，面带微笑，大大方方地目视介绍者或者对方，要注意自己的态度。

（4）当介绍者介绍完毕后，被介绍双方应依照符合礼仪的顺序进行握手，并且彼此使用"您好""久仰大名""幸会"等语句与对方寒暄。

介绍他人认识，是人际沟通的重要组成部分。良好的合作，可能就是从这一刻开始的。

三、介绍集体

介绍集体，实际上是介绍他人的一种特殊情况，是指被介绍的一方或者双方不止一人的情况。介绍集体时，被介绍双方的先后顺序依然至关重要。

具体来说，介绍集体又可分为以下两种基本形式。

1. 单向式

所谓单向式，就是指当被介绍的一方为一人，另一方为多人组成的集体时，往往可以只把个人介绍给集体，而不必再向个人介绍集体。

2. 双向式

所谓双向式，是指被介绍双方皆为由多人组成的集体。在具体进行介绍时，双方的全体人员均应进行正式介绍。其常规做法是：应由双方负责人首先出面，依照主方在场者具体职务的高低，自高而低，依次对其进行介绍。接下来，再由客方负责人出面，依照客方在场者具体职务的高低，自高而低地依次对其进行介绍。

四、介绍后如何记住他人姓名

很多成功的推销员发现：一般人对于他人是否可以准确地记住自己的姓名都很关注。如果你记住了对方的姓名，并能随时轻易而准确地叫出他们的姓名，其便会对你产生好感。相反地，若你忘记或叫错、写错他们的姓名，则会使对方产生不快，进而对你产生不良的印象，这样你就在人际关系中处于不利的地位了。

记住他人姓名有时并不是一件容易的事。

首先，记对方的姓名时，注意力一定要高度集中，不要受到当时环境和内心其他情绪的干扰；有时为了增强记忆，可以请对方本人或介绍人再重复一遍。

其次，对于那些外在形象有一定特征，而且这些特征与其姓名又似乎有一定联系的人，可以将其姓名脸谱化，或将其身材形象化，采用"脸谱、形象记忆法"来记住他们的姓名。

无论我们当时采用什么方法对他人姓名进行标记，都不可能过目不忘，因此，我们很有必要把每次新结识朋友的姓名记在我们的通信录上，闲暇时经常看看。这样，我们就很难忘掉这些新朋友的姓名了。

所以，"记住他人"是交际谋略之一，因为只有记住他人，才能与他人进一步交往，发展友谊；常常把他人忘掉，他人还怎么有兴致与你交往？所以社交专家说，学会记住姓名吧，这是商务交往中通向成功的有效手段。

任务二　名　　片

名片是当今社会无论私人交往还是公务往来，最经济实惠、最通用的介绍媒介，被人称作自我的"介绍信"和社交的"联谊卡"，具有证明身份、广交朋友、联络感情、表达情谊等诸多作用。

一、交换名片的时机

遇到以下八种情况时，需要将自己的名片递交他人，或与他人交换名片，交换名片的时机是：

（1）希望认识对方。
（2）表示自己重视对方。
（3）被介绍给对方。
（4）对方想要自己的名片。
（5）提议交换名片。
（6）初次登门拜访对方。
（7）通知对方自己的变更情况。
（8）打算获得对方的名片。

遇到以下几种情况时，则不必将自己的名片递给对方，或与对方交换名片。

（1）对方是陌生人。
（2）不想认识对方。
（3）不愿与对方深交。

(4) 对方对自己并无兴趣。

(5) 经常与对方见面。

(6) 双方之间地位、身份、年龄悬殊。

当对方递给你名片之后,如果自己没有名片或没带名片,应当首先向对方表示歉意,再说明情况,并用其他办法给对方留下自己的联系方式。

二、如何索要名片

无论公关也好,营销也好,见了客户都需要索要名片,首先,要保证你能够得到客户的名片;其次,在索要名片的过程中,给客户留下良好的印象。索要名片有一定的规则和方法,必要时可采用如下四个技巧。

(1) 向对方提议交换名片。

(2) 主动递上本人名片。

(3) 询问对方:"今后如何向您请教?"此法适用于向尊长索要名片。

(4) 询问对方:"以后怎样与您联系?"此法适于向平辈或晚辈索要名片。

当他人索要你的名片,而你不想给对方时,应用委婉的方法表达此意。可以说"对不起,我忘了带名片"或者"抱歉,我的名片用完了"。

若你没有名片,又不想说明时,也可以使用上述方法来表达。

三、递送名片的礼节

你向他人索要名片,同时也要向他人递送你的名片,这样他人也会了解你,这叫作礼尚往来。在递送名片时,要注意以下五点。

1. 观察意愿

除非自己想主动与他人结识,否则名片务必要在双方均有结识对方的意愿的前提下才能发送。这种意愿往往会通过"幸会""认识你很高兴"等一类谦语以及表情、体姿等非语言符号表现出来。如果双方或其中一方并没有这种意愿,则无须发送名片,否则会有故意炫耀、强加于人之嫌。

2. 把握时机

递送名片要把握时机,只有在确有必要时递送名片,才会令名片发挥功效。递送名片应选择初识之际或分别之时,不宜过早或过迟。不要在用餐、跳舞之时递送,也不要在大庭广众下向多位陌生人递送。

3. 讲究顺序

双方交换名片时,应当首先由位卑者向位尊者递送名片,再由位尊者回复位卑者。但在多人之间发送名片时,不宜以职务高低决定递送顺序,切勿跳跃式进行名片的递送，甚至遗漏一些人。最佳方法是由近而远、按顺时针或逆时针方向依次发送名片。

4. 先打招呼

递上自己的名片前，应当先向对方打个招呼，令对方有所准备。既可先做一下自我介绍，也可以说声"对不起，请稍候""可否交换一下名片"之类的提示语。

5. 表现谦虚

对于递送名片这一过程，应当表现得郑重其事。要起身站立，主动走向对方，面带微笑，上体前倾15°左右，以双手或右手持握名片，举至胸前，并将名片正面朝向对方，同时说些"请多多指教""欢迎前来拜访"等礼节性用语。切勿以左手持握名片。递送名片的整个过程应当谦逊有礼、郑重大方。

在一般情况下，交换名片时，如果双方都是坐着的，应当起立或欠身递送。

四、接收名片的礼节

递送名片要讲究礼仪，接收名片也不例外。当接收他人名片时，一定要讲究礼貌，主要应当注意以下四点。

1. 态度谦和

接收他人递过来的名片，态度要毕恭毕敬，用双手去接。要面带微笑，点头致意或道声"谢谢"，使他人感到你对他的名片有兴趣。

2. 认真阅读

接收他人名片后，应当礼貌地阅读名片上所显示的内容，必要时可以从上到下、从正面到反面都阅读一遍，以表示对对方的尊重，同时也加深了对名片的印象。切不可马马虎虎地用眼睛瞟一下，然后漫不经心地塞进衣袋，或随手丢在一旁，或拿在手中折来折去，这是对他人不尊重的举止。若他人名片上的内容有所不明，可当场请教对方。

3. 精心存放

接收到他人名片后，切勿将其随意乱丢乱放、乱揉乱折，而应将其谨慎地置于名片夹、公文包、办公桌或上衣口袋内，且应与本人名片区别放置。注意：如果他人名片放在桌子上，切不可在他人名片上放置别的东西，那样会被他人认为这种行为是带侮辱性的。

4. 有来有往

接收了他人名片后，一般应当即刻回给对方一张自己的名片。如果自己没有名片——名片用完了或者忘了带名片时，应向对方做出合理解释并表示歉意，切莫毫无反应。当你想得到对方的名片,但对方没有给你时,不要直接伸手去索要,应以请求的口吻说"如果没有什么不方便的话,是否能给我一张您的名片"。

五、如何存放名片

接收了他人的名片,应如何存放呢?这里面也有一定的学问。

1. 名片的存放

(1)放在名片夹里。随身携带的名片应使用较精致的名片夹来存放,在着西装时,名片夹只能放在左胸内侧的口袋里。左胸是心脏所在地,将名片放在靠近心脏的地方,其含义无疑是对对方的礼貌和尊重。不穿西装时,名片夹可放在自己随身携带的小手提包里。

(2)其他合适的地方。接收到他人名片后,除了将其放在名片夹里,也可以将其谨慎地放在公文包、办公桌或上衣口袋内,且应与本人名片区别存放。将名片存放在其他口袋,甚至后侧裤袋里,都是很失礼的行为。

2. 名片的管理

及时把所收到的名片加以分类整理和收藏,以便今后使用。不要将它们随意夹在书刊、文件中,更不能把它们随便地扔在抽屉里。若一次接收的名片很多,最好将他人的名片与自己的名片分别存放,以便于区分。存放名片要讲究方式方法,做到有条不紊。推荐的方法有以下五种。

(1)将名片按姓名拼音字母分类。

(2)将名片按姓名笔画分类。

(3)将名片按部门、专业分类。

(4)将名片按国别、地区分类。

(5)将名片输入智能手机、电脑等电子设备中,使用其内置的分类方法。

名片是一个展现自己的小舞台,一定要充分认识和发挥它的功用。另外,在它的设计上最好也多花一点心思。使他人对你的名片喜欢多一点、印象深一点。

任务三 告 别

举止是种不说话的"语言",它真实地反映了一个人的素质、受教育的水平及能够被他人信任的程度。

告别,通常是在他人离去之际,由于礼貌,而陪着对方一同行走一段路程,或者特意前往他人启程返回之处,与之告别,并目送对方离去。

一、告别的礼节

告别时打招呼是非常重要的礼节。在离开聚会时，应该向组织者打招呼；在离开办公室时，应该向你的老板打招呼；在离开公务活动时，应该向邀请者打招呼；在离开朋友家时，应该向主人打招呼；即使在集体聚餐的餐桌上暂时离开（打电话或者去洗手间），也应该向旁边的人打招呼。不声不响地离开或见面时对他人不理不睬，都是非常失礼的行为。

向他人提出告辞后，应立即从座位上站起来，不能口上提出要走，而丝毫没有走的意思。分别时，常用告别语来提出告辞，以示礼貌。告别语有以下两种类型。

1. 主客之间的告别语

客人向主人告别时，常伴以"请回""请留步"等告别语，主人则以"慢走""恕不远送"等告别语回应。如果客人是远行，可说"祝你一路顺风""一路平安""代问××好"等告别语。

2. 熟人之间的告别语

如果两家距离较近，可说"有空再来""有时间来坐坐""有空来喝茶"等，也可说"代问家人好"以示礼貌。

二、得体的告辞技巧

去拜访他人时，除非对方是熟识的朋友或有特别重要的事情要长时间地商量，否则不宜打扰太久。不能因为主人谈锋甚健，你就毫无告辞之意。因为善于接待朋友的人，绝不会在客人面前露出倦意，但这并不代表你就可以一直不走了。得体的告辞技巧有以下四种。

1. 选择恰当时间

当你向主人提出有事先走时，最忌讳的是当别人说完了一段话之后，你就立刻提出，因为这会使人误认为你对那一番话听得不耐烦了。所以，最恰当的告辞时间，是在你自己说完一段话之后。

2. 向主人道谢

临别时，先和女主人握手，然后再和男主人打招呼，还要向他们道谢，最好有如下表示："今天过得非常愉快，欢迎您下次也到我家做客。"

2. 兼顾其他客人

如你是走得最早的一位，应顾及整体气氛，别大声叫喊，可静静地向主人告辞。如在告辞时被其他不熟悉的客人发现了，你不妨也有礼貌地打个招呼，然后从容离开。

3. 姿态要优雅

如你坐在沙发上，准备站起来时，最好先把身体沉下去的重心移到沙发的边沿，用两腿支持身体重量，然后慢慢地站起来，这样姿态就显得优雅了。

4. 忌打哈欠、伸懒腰

告辞前别打哈欠、伸懒腰。这样会显得不耐烦，给人的感觉是非常不礼貌。

三、送客的礼节

客人来访，要以礼相待；客人告辞，也应以礼相送。下面介绍一些送客的基本礼节。

（1）当客人表示要走时，通常要婉言相留，表示希望其再多坐一会儿，或恳请其下次再来。

（2）客人离别时，应暗中帮助他们检查一下，该带的东西是否都已带走，还有没有其他需要商讨的问题，等等。

（3）客人来访，常常会带些礼品来，对此，我们送客时应有所反应，如表示谢意，或请求客人以后来访不要带礼品了，或相应地回赠客人些礼品。绝不能若无其事、受之无愧，这是很失礼的行为。

（4）客人提出告辞，应等客人起身后，主人再起身相送。替客人把门打开，站在门里，待客人走后，你随后再出来，或者一边谈，一边同时出来。不可当客人一说要走，就迫不及待地摆出送客姿态。送客时，要把客人送到门口，并说："再见，欢迎再来。"

（5）将客人送到门口后，应在客人的身影完全消失后再返回，这会给客人留下一个深刻的印象。一旦发现客人回头观望，就可再次向其微笑，并挥手致意，表达送别之情。

（6）送客完毕返身进屋后，应将房门轻轻关上，不要使其发出声响。那种在客人刚出门的时候就"砰"地关门的做法是极不礼貌的，并且很有可能因此而"砰"掉客人来访期间培养起来的所有感情。

（7）如果送客到车站、码头，最好是等车、船开动并消失在自己视线之外再离开，尤其不要表现得心神不宁，以防客人误解。

（8）假如客人是长辈或幼儿，我们应搀扶他们送往车站，并送上车，告诉他们应该在什么地方下车；或者托付售票员和同车的乘客，请他们一路上多加关照。

以上这些都是平常的待客之道。有时还会遇到意外的情况，比如客人临走前，突然天气变冷或下雨了，这时，我们应该主动关心客人，拿出御寒的衣服或雨具给客人使用。有些客人怕给别人添麻烦而推却，我们则应真诚地向他们说明家里准备了不少这些东西，请他尽管拿去使用，以打消客人的顾虑，使他们高高兴兴地接受我们的帮助。

专题四

公共场所礼仪

公共场所是指全体社会成员进行各种活动的社会公用的公共活动空间。例如餐厅、公园、商场、剧院和歌舞厅等。公共场所礼仪是指人们在公共场所进行活动时应遵守的礼仪规范和需要具备的基本素养。

任务一 公共活动场所礼仪

一、餐厅

现代社会,人们到餐厅用餐是再平常不过的事情了,家庭休闲、款待客人都会选择到餐厅用餐,在餐厅用餐也得注意相关礼仪,这样才能吃得开心,同时也能让客人满意。

1. 选择和到达餐厅

如果请客人到餐厅用餐,主人应考虑的第一件事是餐厅的选择。选择餐厅时,主人可以先向客人推荐,也可由客人自己选择,还可以双方共同商定。

选定餐厅后,双方按约定时间到达餐厅。客人如果是女士,主人一般应把靠墙或靠窗的位置让给女士,不要把女士安排在人来人往的过道旁。无论谁先到餐厅,都应该给后到的人留下较好的位置,这是公共场所礼仪中的一个原则,当然如果餐厅中十分拥挤就又另当别论了。

在较大型餐厅中点菜时,如果主人已经安排好了,客人就无须过问了。但不管送上什么样的菜、合不合自己口味,都应该吃一点,这也是做客的一种礼貌;如果主人事先没有安排,服务员送上菜单后,主人可以请在座的女士先点菜。

2. 餐桌礼仪

在餐桌上应注意礼貌。如想在餐桌上吸烟,应征得在座女士的同意。

用餐过程中如发生什么特殊情况,如饭菜中有异物等质量问题,可以找服务员过来,彬彬有礼地交涉,不要大发脾气、不依不饶,更不能争吵不休。

在餐厅看到附近席位上有熟人时,可迎上去寒暄几句,但不要停留过久,以免影响他人用餐或妨碍他人通行。

餐厅中人较多时,应该加快用餐速度,用餐完毕后及时离开,以方便他人用餐。等位的人应在门口等候,不要站在餐桌旁边。

3. 付账礼仪

当主客双方都用完餐后,主人再叫服务员过来结账,千万不要当客人还在用餐时就结账,这样是很不礼貌的。若主人发现账单上有算错的地方,应向服务员示意并悄悄地指出错误,让服务员去更正。如服务员或者餐厅经理态度不好,这时也不要闹出纠纷,因为还有客人在场,否则会使客人很尴尬,最好的办法就是尽快离开。

二、博物馆与画廊

到博物馆或画廊参观展览,要严格遵守社会公共秩序。买票后排队进场,不能拥挤。进场过程中不可大声喧哗、东奔西跑,要顺着人流自然行进。有讲解员讲解时,要认真听,不要往前挤;有什么疑问可以向讲解员或主办者请教,但不能影响别人的工作。

在参观展品时,要注意遵守场内纪律,绝不可伸手随便触摸,当展品隔着玻璃柜时,注意不要压碎玻璃。在写着"请勿拍照"的牌子旁边,千万不要拍照。

三、乘电梯

现代社会高楼林立,这些高楼通常都装有电梯,即使是为了赶时间,搭乘电梯时也要注意应有的礼仪。

要注意安全。当电梯关门时,不要扒门,或是强行挤入电梯内。当电梯在升降途中因故暂停时,要耐心等候,不要冒险爬出电梯。

要注意出入顺序。与陌生人同乘电梯时,进入时要讲先来后到,出来时则应由外而里依次走出,不可争先恐后;与熟人同乘电梯时,尤其是与尊长、女士、客人同乘电梯时,则应视电梯类别而定:进入有人管理的电梯,应主动后进先出;进入无人管理的电梯时,则应当先进后出。

由于电梯内空间狭小,千万不可抽烟,不能乱丢垃圾。在前面的人应站到电梯两侧,当电梯较拥挤,不方便他人出去时,如果有必要应先出去,以便让他人出去。

四、商场购物

商场也属于公共场所。作为一个文明的市民，在商场购物时也必须具备良好的公德意识，必须遵守公共场所礼仪。

（1）尊重营业员，态度需谦和。如果营业员正在为别的顾客进行服务，则应该耐心地等待，不应急切地催逼对方，这样做是极不礼貌的。

（2）发生差错，应妥善解决。如果营业员在服务时发生错误，应给予谅解，同时可耐心地指出错误所在，给出善意的提醒。不应当面呵斥，甚至与之争吵，应将情况反映给商场有关负责人，以求妥善解决。

（3）文明排队，礼让三分。如果已有人在排队购物，那么，第一，不应插队而应自觉地排队；第二，不宜委托前面的熟人代为购买，那样其实是变相的插队；第三，如果确有急事要办，时间紧张，可向营业员及其他顾客讲明情况，征得他们的同意后，方可提前购买；第四，如有老弱病残者排在自己后面，则可主动让其提前购买。

（4）购物完毕离开柜台时应向营业员表达谢意。尤其是当对方帮助自己解决了某些特别的困难时，更应如此。为郑重起见，除口头致谢外，还可在留言簿上留言致谢。

五、公共浴场

在人多聚集的公共浴场，浴场礼仪是很重要的一环。下面为您介绍室内公共浴场的一些注意事项。

（1）不可在浴池附近吃东西、喝饮料、嚼口香糖、吸烟。

（2）不要在浴池内大声喧哗、打闹或奔跑，要保持安静。

（3）在不穿衣服的大众浴池中，不可用异样的眼光注视他人。尊重自己的同时，也要尊重他人。

（4）快要出浴时，在浴室内将身体擦干之后再进入更衣室。不可将更衣室的地板弄湿以及留下湿脚印。

（5）在化妆台梳理头发之后，要将掉落的发丝清理干净。不要将浴室内的吹风机、化妆品、梳子等带出浴室。

以上讲述的是室内浴场的礼仪规范，同样，在户外浴场也应如此，如海滨浴场、露天游泳池等。

另外在公共浴场，夫妇或恋人之间堂而皇之地表现亲热也是不合时宜的，而且泳装的穿着也应该注意合乎礼仪，不宜穿过分暴露的泳装。

六、公共洗手间

洗手间是人们每天必须会去的地方，由于公共洗手间是公用的，所以在使用时必须遵守相关礼仪，以免影响他人的使用。而公共洗手间的使用礼仪最能体现出一个人的文明程度。

首先，按顺序排队等候。无论男女，在洗手间每个厕位都有人占用的情况下，后来者必须排队等待，一般是在入口的地方，按先来后到的顺序排成一列。

再次，保持清洁卫生。厕位使用完毕后，一定记得冲水，这是最起码的道德问题。女士卫生用品千万不要顺手扔进马桶，以免造成马桶堵塞。其他，如踩在马桶上大量浪费卫生纸，导致他人无纸可用等行为，都是不文明的。

任务二　公共娱乐场所礼仪

一、公园

公园是公众游览参观的好去处，既可开阔视野、陶冶情操，又可放松心情、强身健体。

到公园去游览，必须遵守公园的开放时间，凭公园门票或有关凭证入园，不要私自翻爬围墙进入园内；入园后要爱护公物，不折损、刻画、摇吊树木，不践踏花坛、封闭的草坪和树丛；不采摘花卉、果实和种子；不捕捉园内蟋蟀、蝉类等；也不要携带猫、狗等动物入园；不要攀爬雕塑、观赏性假山、树木等；不能去湖内游泳；也不能焚烧草坪、玩火或烧烤；更不能携带易燃易爆物品及其他危险品入园。

需要合影留念时，应注意不能到危险场所或不宜攀登、禁止入内的地方去，以免发生意外。需要他人帮忙拍照，或请他人稍避一下时，说话要有礼貌，拍完照后应向他人道谢。

在公园内还应爱护自然环境：保持公园清洁卫生，不乱扔果皮杂物，不随地吐痰，不在公园内张贴广告，做到文明游园。

二、旅游观光区

随着我国人民物质和文化生活水平的不断提高，旅游观光爱好者的队伍也在日益扩大。旅游观光本身是一项文明而高尚的活动，参加这项活动的人理应多讲究礼仪。

（1）应十分珍惜和爱护旅游观光区的公共财物。具体地说，大到公共建筑、设施和文物古迹，小到花草树木，都要珍惜和爱护，不能随意损坏。还要十分注意爱护亭廊水榭等建筑物的结构及上面的装饰，不要用脚去踩，以免把鞋印留在上面。在柱、墙、碑等建筑物上，不能乱写、乱画、乱刻，也不要用棒棍去捅逗或用其他物品去投掷动物取乐。

（2）要尽量保持旅游观光区的环境卫生和静谧气氛。进入旅游观光区后，不要大声喧哗、嬉笑打闹；不要任意把果皮纸屑、杂物弃置在地上或抛入水池中，这样做会有碍观瞻和卫生。野餐野炊之后，一定要将瓜皮果壳连同包装材料收拾干净，将所挖灶坑恢复原状后再离去。

（3）旅游观光过程中要关心他人，注意礼让。如有他人同时在景色好的地方拍照，要主动谦让，不要与之争抢占先。当旁边有他人妨碍你拍照时，应有礼貌地向其打招呼，不可大声叫嚷、斥责和上去推拉。照完相后，应向协助的人道谢。

（4）要多为他人提供方便。如行经曲径小路或小桥山洞时，要主动为他人让道，不可争先抢行。不可在长椅上睡觉，也不要人坐在椅背上而脚踩在椅面上。见到老、幼、病、残、孕和抱小孩者，应主动让座。

（5）在旅游观光区谈情说爱时，要因时、因地为之，不可有失礼仪，使他人难堪，既要尊重他人，又要自尊自爱。

三、剧院

各种剧院的礼仪规则大同小异，一般来说，应遵循以下一些礼仪。

（1）到剧院观看演出，一般要穿格调较高的正式礼服。

（2）严守开场时间，如果迟到了，就要站在剧院后面等到中场休息时再入场。在经过他人前面的时候，应该面对舞台并且紧贴着前排座位的靠背走过去，注意不要将手提包等物品从前面观众的头上拖过去。落座以后，如果戴着帽子，一定要脱下来，以免挡住他人的视线。

（3）在剧院观看戏剧演出时不宜中途退场，如需要退场则要将机会选择在幕间或一个节目结束后。幕间休息时，可以站起来走动、放松一下，也可以到休息室吸烟。

（4）演出快结束时，要按顺序有秩序地退场。坐在通道边或最靠近通道的男士，要在通道上等一会儿，可以让身后的女士先走。一般情况下，女士应走在前面，只有当通道实在太挤时，才需由男士在前面开路。

四、音乐厅

到音乐厅欣赏音乐会是一件高雅而庄重的事,因而出席音乐会的服饰很讲究,男士西装革履、打领带,女士则要穿上礼服并化妆。衣冠不整地进入音乐厅,必定会令人侧目。

听众均应于音乐会开始前入场。一旦演奏开始,还没入场的听众就将被禁止入内,只能在门外静听,等到中场休息时方可入场。

进入场内,对号入座,不携带易发出噪声的物品进场,进场后关闭手机等发声装置。一般来说,音乐会开始后不允许中途退场。

音乐会上要保持肃静。观众来到音乐厅入口处则应停止说话,脚步放轻,任何惊动场内观众的言行都是失礼的。因而在音乐会进行中不许交谈、打哈欠,甚至咳嗽和翻动节目单。

每支乐曲演奏完毕,观众应以掌声向演奏者致谢。演出结束后可向演奏者献花,但在音乐会演出中途登台献花是不合适的。演出结束后,听众应在座位上停留片刻,不要急于退场,待演奏者谢幕时,听众应起立鼓掌,以示对演奏者的尊重,然后方可有秩序地退场。

五、电影院

在电影院看电影较在剧院、音乐厅中看节目的礼仪要求上相对松一些,但仍要求言行举止文明,具体应做到:

(1) 穿着要正规,不能太随便。电影院中不准许穿背心、短裤、拖鞋,这是观看电影的起码要求。

(2) 购票时应排队,检票时主动出示电影票,并对号入座。电影院在电影放映前15分钟开始检票,最好能够在这个时间之前进入放映厅寻找自己的座位。

(3) 注意清洁卫生,不要随地扔果皮、果核,不要吸烟,电影院是公共场所,应注意公共场所的卫生。瓜子壳、果皮核应扔到指定的垃圾箱里,如需要吸烟,要到洗手间或者吸烟室,切忌在放映厅内吸烟。

(4) 不要不断交头接耳、高声议论,情侣间举止要文明。

(5) 打喷嚏、吐痰要悄悄进行。如果要离位去洗手间,应该向两边的观众致歉,带孩子的观众不要让孩子在走道中乱跑、哭闹。手机应调成振动模式,尽量减少对别人的影响。

(6) 影片结束,影院亮灯时才能起身离开。电影放映接近尾声时不要抢先站起离开,应该等放映完全结束后再起立,否则很让人反感。

六、歌舞厅

在歌舞厅中唱歌、跳舞的同时也要讲究一定礼仪：一是服饰上可更艳丽，化妆可采用浓妆；二是男士应尽可能多邀请同去的女士跳舞；三是对于他人的邀请，不管是否会跳，应表现出乐于奉陪、礼貌迎合的态度；四是招待他人点歌选曲时，应考虑他人的喜好；五是对演员和服务员要言语文明、举止得体；六是应在他人已尽兴时，提出结束玩乐。

任务三　医院礼仪

医院礼仪指的是患者、医护人员以及来医院探病的人员在医院日常交往中所要遵守的礼仪规范。

医院是救死扶伤、治病救人的场所，关系到人们的生与死，患者与医护人员之间的人际关系十分重要。而医疗卫生服务作为一个特殊的服务行业，医务人员好的职业礼仪修养对提高行业服务质量起着重要作用。同样，患者及其他人员也应当具有良好的礼仪素养和礼仪规范。

一、探病礼仪

人生在世，难免有生、老、病、死，其中病是每个人都会经历的重复过程。前往探访住院的亲友，也是人际交往的基本礼节，兼顾人情之余，也要注意切勿干扰病人的情绪，给予关怀祝福的同时不能增加他人的精神负担。

（1）病人住在医院里，应先了解探视时间。一般医院都有一定的探视时间，先行咨询，才不会徒劳无功，尤其是加护病房，更是严格规定了探视时间。

（2）进入病房前，宜先敲门，得到允许后，才可进入。有些病人可能在擦拭身体，或是在床上方便，贸然进入，病人会尴尬不已。

（3）探视时间以不超过半小时为宜，除非病人要求你多陪伴一会儿，如有其他探视的人员到访，应先行离去，以免造成病人的疲劳。

（4）病床空间不大。与病人交谈时，勿坐在床沿，以免占用病床空间，让病人产生压迫感。

（5）人在病中，会比较敏感，所以勿在病人面前与其家属窃窃私语，以免引起病人的怀疑，以为自己病入膏肓了。

（6）当病人叙述病情时，应关切地聆听，并说些励志的话，让病人充满信心。如病人不愿多谈病因，则勿追问。

二、看病礼仪

人食五谷杂粮，难免会生病。有了病，就免不了要去医院看病。去医院看病时，应当注意相关的礼仪。

1. 不大声喧哗，说话要轻声

到医院看病，首先不要大声喧哗，在医生身边大声喧哗或打电话，更会影响医生的诊治。同样，到病房探视病人，也不宜在病房内大声喧哗，以免影响其他病人休息。

2. 遵守秩序，依次排队

无论是挂号还是候诊，均应遵守秩序，依次排队。此外，候诊时，要保持安静、维护环境的整洁，如不要高声说话、吸烟、随地吐痰及乱丢各种废弃物品等。听到医务人员叫到自己的就诊号时，应主动积极并有礼貌地予以应答，然后去指定的科室就诊。

3. 就诊时要尊重和信赖医生

到医院看病，应听从医院的安排，对年轻和年长的医生应同样尊重。特别是当较年轻的医生为自己诊断病情时，要积极配合，主动提供病情症状，协助医生做出正确的诊断。假如对医生的诊断产生怀疑，应该有礼貌地向医生述说自己的疑虑，请医生再做考虑，并尽可能帮助我们消除疑虑。切不可看到诊断结论和自己的臆想不符，就随意打断医生的话，甚至和医生争吵。

4. 遇到不合理的问题，应尽量克制情绪

如果偶尔遇到不负责任的医生，其对疾病做出了可疑的判断时，作为病人也切忌随意发火，而应请医生提供相关依据。如果当时不能解决问题，可向其他医生或医院领导反映情况，请他们根据医务工作者的工作准则判断是非并做出处理。

最后，需要注意的是，病人在看病时尽量不要拨打手机，一方面，影响医生诊断，另一方面，耽误医生和后面病人的时间，而且这种行为对医生也不尊重。

三、医院服务礼仪

医院，是患者就医问药的场所，是社会公共服务的窗口。因此，在"硬件"上，要有优美的自然环境、先进的医疗设备、技术精湛的医疗队伍；在"软件"上，也是最主要的，那就是要有一流的服务质量。因为医护人员与患者接触密切，他们的容貌、服饰、言谈、举止、姿势、礼节等各方面都会对患者产生直接的影响，这些都是衡量医院服务质量高低的重要指标。

所以，医院服务礼仪显得十分重要。医院服务礼仪，也就是医护人员在与患者的接触中所要遵守的规范。具体需要注意以下三点要求。

1. 规范的仪表形象

在医院里，医护人员应统一着各岗位服装，首先，服装干净、整齐，胸卡佩戴规范，给病人一种庄严的感觉。其次，女士应淡妆上岗，不戴戒指、耳环。另外，除特殊工种外，工作时间不允许穿拖鞋、高跟鞋，不允许穿背心，给病人以整洁之感。再次，要精神饱满，以赢得病人的尊重和信任，这是建立良好医患关系的开端。

2. 得体的形体语言

形体语言是非语言交流的一个方面，在日常工作中要特别注意。站立时要挺胸、立腰，双臂自然下垂，轻松自然，略带微笑；坐下时重心垂直，腰部挺立，双肩平整放松，双手自然放在膝部或桌子上，双腿自然弯曲并拢；行走时抬头、挺胸、收腹，目光平视脚尖向前，落脚轻稳，不晃身体，双臂自然前后摆动。进病房时要先敲门，做到"四轻"，即关门轻、操作轻、说话轻、走路轻。在与患者交流中，态度诚恳，表情自然、大方，语气亲切，目光要注视对方，认真倾听，不能做其他事情，并时常点头表示尊敬与谦虚。患者提出问题时应做好解释、解答和安抚工作。

3. 文明的职业用语

医护人员在工作中熟练掌握和使用文明用语是非常重要的。工作中应该"请"字当头、"谢"字结尾，在接待病人或进行各项护理操作时，应根据不同病人的病情、年龄、性别、职业、地位、文化背景等给其一个合适的称谓，以表示对病人的尊敬。

还有，在日常工作中，医护人员要努力钻研业务，更新知识，提高专业技术水平，同时，宣传卫生保健知识，对病人进行健康教育，从而提高医院的整体形象，达到减少医患矛盾、提高医院服务质量、更好地为病人服务的目的。

专题五

交通礼仪

你会走路吗？你会骑车吗？你会开车吗？你会乘船、乘飞机吗……听到这些问题其实不必惊讶。在人人成为交通参与者的今天，我们除了要掌握适当的交通技能、熟知交通安全法规外，还必须自觉遵守交通的潜规则——交通礼仪。

任务一　出行礼仪

一、行路礼仪

一个人在日常工作、学习和社会生活中，总是离不开走路的。在这平常的"走路"中，同样包含着一系列的礼仪规则，同样需要注意讲求公德礼仪、遵守交通规范。

（1）行人之间要互相礼让。遇到老、幼、病、残、孕时要照顾。在特别拥挤的地方，要有秩序地通过，万一不小心撞了他人或踩着他人的脚，要主动道歉。如果是他人踩了自己的脚或碰掉了自己的东西，则应表现出良好的修养和自制力，切不可口出恶言、厉声责备。

（2）走路要目光直视，不要左顾右盼、东张西望。男性遇到不相识的女性时，不要久久注视，甚至回头追视，显得缺少教养。

（3）走路时不要边走边吃东西。这既不卫生，又不雅观。如确实是肚子饿或口渴了，也可以停下来，在路边找个适当的地方，吃完后再赶路。走路时要注意爱护环境卫生，不要随地吐痰、随手丢弃垃圾。

（4）行路若遇见熟人，要主动打招呼，互相问候，不能视而不见、把头扭向一边。这是最基本的礼貌。但也不宜在马路上聊个不停，影响他人走路。如果有很多话要说，可以找个交谈场所，或另约时间、地点继续交谈。

二、骑自行车礼仪

骑自行车者应给行人让路，这是最起码的礼仪常识。不要在行人后边大声叫嚷，也不要在行人身边飞快地擦过，以免碰到或惊吓行人，如果行人行走不规范，占了自行车道，这时可按铃提示行人。

停车或拐弯时，应伸手示意，否则将会由于你的突然猛拐或猛停，后面的车辆在毫无准备的状况下与你发生碰撞，若双方又不够冷静，还将发生争吵。为避免这类情况发生，骑车行进时应与前方自行车保持一定距离。万一发生碰撞，双方都要主动道歉，切不可出口伤人，进而激化矛盾。

骑自行车出入大门时，一定要减速或下车，不能旁若无人地一直骑车穿过。当通过窄门，人们有出有入时，一般骑自行车者要礼让行人，若同时到达门口，要先让里面的人出来，外面的人再进去。

任务二　乘公共交通工具礼仪

一、乘公共汽车礼仪

乘公共汽车既便宜又方便，但是人多拥挤，尤其是在大城市。这就要求每位乘客遵守乘车礼仪。

（1）乘公共汽车时，要自觉遵守交通秩序。车停稳后，等车上乘客下完再排队上车，同时要照顾老、幼、病、残、孕。

（2）进入车厢后应向里走。不要站在车门口处，影响他人上车。乘车时主动给老、幼、病、残、孕和抱小孩的乘客让座，对方表示感谢时，要以礼回应。当有空座位时，要看看周围是否有更需要座位的人，如有，要向他人表示谦让。他人给你让座要表示感谢，不要把包放在身边的座椅上。

（3）车内不要吸烟，不乱扔杂物，维护车内公共卫生。下雨天乘车，上车时要将雨具收起，以免沾湿他人衣服。携带的物品要放在适当位置，如带硬、尖、脏、湿物，就要提醒周围乘客注意。禁止携带危险品上车。

（4）与他人友好相待，多替他人着想。由于刹车等情况，车厢内有些碰撞应互相谅解，不可出言不逊。咳嗽、打喷嚏时要用手帕或面巾纸捂住嘴。在车厢内不大声喧哗，不随地吐痰，不把腿伸到过道上，进出注意不踩碰他人，如踩碰了他人要主动道歉。

（5）车到站，等车停稳后才能下车。临近下车前，为了节省时间，应提前换到车门前等候，以免影响其他乘客上车。

二、乘火车礼仪

火车是中国老百姓常乘坐的公共交通工具之一，尤其是春运期间，人多、行李多，因此在乘坐火车出行时，需要遵守一定的礼仪。

（1）乘火车要提前到站，在候车室等候时，要爱护候车室的公共设施，不要大声喧哗，携带的物品要放在座位下方或前部，不抢占座位或多占座位，不要躺在座位上使他人无法休息。保持候车室内的卫生，不要随地吐痰，不要乱扔果皮、纸屑。

（2）检票时要自觉排队，不要拥挤和插队。进入站台后，要站在安全线后面等候。要等火车停稳后，方可在指定车厢排队上车。上车时，不要拥挤、插队，不应从车窗位置上车。

（3）上车应按次序对号入座。国内火车车厢分软座、硬座、软卧、硬卧，因此要根据车票对号入座。若赶上非对号入座，且遇上有空座的时候，不要不打招呼，见座就抢。

（4）入座后，可向临近的乘客点头致意。若要交谈，也以不妨碍他人为前提，如果身旁乘客正在阅读书刊或闭目养神，卧铺车厢的乘客正在睡觉，就应放低声音或停止交谈。如果对其他乘客所带的书刊感兴趣，未经允许不要取阅，也不要悄悄地凑过去盯着他人手中的报纸、杂志看，可在其不看时有礼貌地向其借阅。

（5）火车上要讲究卫生。不随手乱扔果皮、纸屑，也不要将废弃物装入塑料袋中投向窗外。车厢内严禁吸烟。很多快速火车都是封闭型车厢，若是有人在车上吸烟，必定会影响到车厢内的空气质量，使得其他乘客不满。

（6）在火车上要注意行为举止，在座位上休息时，不要东倒西歪，卧倒于座位上、桌面上、行李架上或过道上。不要靠在他人身上，或把脚伸到对面的座位上。男士也不得穿背心甚至赤裸上身，也不得一坐下来就脱鞋，这是很不文明的。开窗时要照顾座位靠迎风窗口乘客的感受，以免引起不快。

（7）去餐车用餐时，如果人数过多，应耐心排队等候。用餐时，应节省时间，不要大吃大喝、猜拳行令。用餐完毕，应即刻离开，不要赖着不走。

（8）下车时，应自觉排队等候，不要拥挤，或是踩在坐椅背上强行从车窗下车。

三、乘轮船礼仪

轮船,是人们用作水上交通的主要工具。在日常生活中,当人们在江、河、湖、海上旅行时,大都优先选乘轮船。

(1)轮船一般在启程前40分钟检票。乘客应提前到码头候船,特别是在中途站候船,更要注意。因为船在航行时受到风向、水流的影响,到港时间不能十分精准。

(2)上船时,一定要等船安全靠稳,待工作人员安置好上下船的跳板后再上船。上船后,旅客可根据指示牌寻找票面上规定的等级舱位。因为船上的扶梯较陡,所以上、下船时大家应互相谦让,并注意照顾年长者、儿童和女士。

(3)乘轮船时要注意安全。风浪大时要防止摔倒;到甲板上要小心;带孩子的乘客要看住自己的孩子;吸烟的乘客要注意避免火灾;不要在船头挥动丝巾或晚上拿手电乱晃,以免被其他船只误认为是在打旗语或灯光信号。

(4)乘船时要注意细节。如不要在船上四处追逐;不要在客房大吵大嚷;遇上景点拍照时不要挤、抢等。另外,要注意船上的忌讳,如不要谈及翻船、撞船之类的话题,不要在吃鱼时说"翻过来"或说"翻了""沉了"之类的话。

四、乘飞机礼仪

飞机已成为人们常乘的交通工具之一,人们不仅乘飞机在国内出差、开会、旅行,而且还乘飞机到国外探亲、观光和访问。机场和飞机内是我们与其他乘客接触相当频繁的地方,因此,乘飞机礼仪是必须遵守的。

1. 登机前的礼仪

(1)将随身携带的手提箱、衣物等整齐地放入座位上方的行李舱中。要小心,不要让东西掉下来砸到下面坐着的乘客。通常,空中乘务员会在飞机起飞之前检查行李是否放好。不要给空中乘务员增添太多的麻烦,以免延误起飞时间。

(2)登机时,均有空中乘务员站立在机舱门口迎接乘客。他们会向每位通过舱门的乘客热情地问候。此时,作为乘客应有礼貌地点头致意或问好。

2. 登机后的礼仪

(1)按号入座,坐下时可以向你旁边的乘客点头示意。对于很多工作繁忙的人来说,飞机上的时间是非常宝贵的,可以用来休息或放松。如果想将座椅向后倾,要先向后看一看,再缓缓将椅背后倾,以免撞到后排乘客或弄翻饮料。

(2)飞机机舱内通风不良,因此,不要过多地使用香水,也不要使用味道浓烈的化妆品。

（3）保持洗手间清洁。飞机上的洗手间是男女合用的，应排队依次使用，入内后要将门闩插紧，并尽量少占时间。用完洗脸池和梳妆台，要保持其清洁，在任何地方都不要留下令人不快的不整洁的痕迹，这是举止文雅的第一要素。

（4）尊重空中乘务员。空中乘务员的工作非常重要，他们承担着保护乘客安全的重要职责。不要把空中乘务员当成你的私人保姆，不要故意为难他们。如果你对他们有意见，可以向航空公司的有关部门投诉，不要在飞机上大吵大闹，以免影响旅行安全。按照国际惯例，所有空中乘务员都不接受小费。

3. 停机后的礼仪

在飞机完全停稳之前不要急忙站起，这样很不安全，要等信号灯熄灭后再解开安全带。下飞机时不要拥挤，应当有秩序地依次走出机舱。

五、乘坐其他公共交通工具的礼仪

乘坐地铁和出租汽车等公共交通工具时，也要讲究文明礼仪。

（1）乘坐地铁时，基本的礼仪规则与乘坐公共汽车时的大同小异。乘坐地铁的时候，由于地铁的座位都是相对设置的，因此如果女士的坐姿稍不注意就会很失态。不仅女士应该注意不要叉腿坐，男士也要特别注意，不可叉开两腿后仰，或歪向一侧，也不要把两腿直伸开去，反复不断地抖动。这些都是失礼的表现。

（2）乘坐出租车时，站在道路右侧扬手招车，切忌在道路左侧、十字路口、人流密集的道路以及禁止停车的地方招手。两个乘客同时拦下一辆出租车时，要懂得谦让。

出租车靠路边停稳后，应及时从右前车门或在右后车门上车，关好车门并告知司机目的地。不要站在车外说到某地或讨价还价，以免阻碍交通。

在车内，不与司机聊天，以免引起交通事故。同时要爱护环境，讲究卫生，不吸烟，不吐痰。到目的地后，男士或晚辈先下，然后照顾长辈或女士下车，禁止从车的左门下车，应从右门下车，以防发生意外。注意带好随身物品，不要将垃圾留在车上。

专题六

馈　　赠

人们相互馈赠礼品，是人际交往中不可缺少的内容。中国人一向崇尚礼尚往来。《礼记·曲礼上》说："礼尚往来。往而不来，非礼也；来而不往，亦非礼也。"原始的"礼尚往来"实质上就是以礼品的馈赠与酬报的方式进行的物品交换。

馈赠，是与其他系列礼仪活动共同产生和发展起来的。

任务一　礼品的选择与赠送

在人际交往中，适当地赠送礼品往往能够起到促进友谊、加强交流的作用。

一、礼品的选择

1. 鲜花、艺术类礼品

一般来说，鲜花、艺术类礼品适合每个年龄层的人。鲜花是问候、祝贺、慰问和感谢的象征。鲜花的价格选择范围很大，有时候人们会把鲜花和某个艺术类礼品放在一起送人，比如咖啡壶或别致的花瓶等。随花送上的贺卡可以根据实际情况具体选择。除了通常隐含着某种浪漫关系的玫瑰之外，大家都可以给他人送其他鲜花。

2. 食品类礼品

食品作为礼品受到普遍欢迎。"民以食为天"。所以，在不知道要送什么礼品时应首先想到以食品作礼品，因为没有人会拒绝可口的食品。包装整齐或用密封盒子装的食品非常适合送给家庭食用，如：坚果、糖果、饼干、小点心。

3. 公用礼品

公用礼品就是在办公室里大家公用的礼品，如：日历、笔、相框、书签、书挡、糖果罐、打印机、软件、商务书籍等。文具永远是很受欢迎而且很合适的礼品，如果上面印有公司名称，最好将字体缩小，并将产品适当改装。

4. 赠送礼金

为了避免选择礼品和携带礼品的麻烦，人们往往选择赠送礼金。赠送礼金的形式通常是将一定数量的礼金装在红包里或信封里，将购物券或银行的存单赠送给员工或商务方面的朋友。

5. 集体送礼

集体送礼是现在公司里流行的赠送礼品的一种主要形式，受到人们的广泛欢迎。既让受礼人得到了礼品，也让送礼人少花了钱。因为个人出钱可多可少，负责收钱的人一般应为每个人所交的金额保密。

最后，需要指出的两点如下：

一是选择价格合适的礼品。送礼的花费问题是一个重要而棘手的大问题。要花多少钱买礼品才算合适，会让送礼人煞费心思。人们不愿意让他人觉得自己小气，但由于收入的限制，在选择礼品时要量力而行，超过自己承受能力的礼品，他人不会接受，即使接受了也会于心不忍。赠送礼品的原则是价格与情义兼顾。

二是体现对方的爱好和兴趣。在挑选合适的私人礼品时，要了解对方的品位、爱好和兴趣。喜欢书的人就送他书，喜欢玩具的人就送他玩具，另外，还可以根据他人有没有孩子来选择是否为孩子送件礼品，这样往往效果最佳。

二、常见的馈赠时机

一般来说，任何节日都是送礼的好机会，归纳起来，以下七种情况可考虑送礼。

1. 喜庆、安慰

乔迁新居、过生日、生小孩、嫁女、娶亲等喜庆的日子，应考虑备礼相赠，以示庆贺。亲友去世或遭遇不幸，也要适当赠送礼品以帮助解决困难，表示安慰吊唁。

2. 欢庆节日

我国传统节日为春节、端午节、中秋节、重阳节等，西方的节日有圣诞节、情人节、母亲节等，这些节日都可作为送礼的时机。

3. 探望病人

去医院或他人家中探望病人时应带些礼品。

4. 拜访、做客

当你拜访或做客时，一方面，为打扰他人表示歉意或接受对方款待表示感谢，需带上一份礼品上门；另一方面，向他人表达自己的问候，往往也要带上一份礼品登门。

5. 亲友远行

为了祝愿亲友一路顺风，使其安心外出求学、工作，应送上一份礼品表达心意、表示纪念。

6. 酬谢他人

当自己在生活中遭到困难或挫折时，亲朋好友对你伸出过援助之手，事后应考虑送些礼品，以表示酬谢。

7. 还礼

接受过他人的礼品，就等于欠他人一个人情。在他人送礼离开时可以附一份自己赠送的礼品，或者事后在类似的场合向他人送上一份礼品。

三、馈赠的方式

礼品除了当面赠送以外，现在还可以请人代转、邮寄赠送或雇用礼仪公司专人递送，但一般当面赠送效果最好。

当面赠送礼品时要考虑以下五点。

（1）会谈、会见、访问等活动中，应在活动快结束时赠送礼品——一般由最高职位的人代表本单位向对方人员赠送礼品。

（2）赠送礼品时，应从地位最高的人开始，逐级向下赠送。同一级别的人应该先赠送女士，后赠送男士；先赠送年长者，后赠送年幼者。

（3）赠送礼品时，应双手奉上，或者以右手呈上，应避免用左手。

（4）赠送礼品时，往往需要说一些祝愿的话，要表明赠送礼品的目的。

（5）不能强人所难。如果赠送的礼品确实没有贿赂之意，则应大胆坚持片刻；如果对方再三坚持拒收，则可能其确实有不能接受的理由，不能一再强求，也不可表现出愤怒或者不高兴之意。

四、结婚馈赠

1. 赠送现金

赠送现金，送礼者取其方便，受礼者得实惠。礼金无论多寡，习惯上金额须为双数。这是当今社会普遍采用的一种方式。

2. 赠送花束、花篮

赠送花束、花篮，适宜于新式婚礼，显得较具时代气息，其缺点是无实用价值。

3. 赠送实用品

赠送实用品，适宜于知己亲友。在购买以前，最好能知道受礼者之所需，提前告知所赠何物，以免受礼者重复购买。

4. 结婚馈赠应注意的问题

（1）等对方发出请帖或通知之后，再携礼品登门祝贺。因为许多人办婚事时不愿铺张或不愿背负"人情债"，如果你贸然送礼，会使对方因招待你而破费，显然没必要。深交的同事，知道对方有喜庆事，就是请帖还没有送来，也可以先行送礼，浅交的不在此列。

（2）礼品的价值依双方交情深浅而定——交情深厚，可备厚礼；交情泛泛，做到不失礼就可以了。

（3）送礼时间可在接到友人喜帖之后，也可在婚礼举行之前或婚礼进行期间。

（4）结婚送礼不能简单地送一份礼金了事，最好当面送交，并口头祝贺。注意不能一面送礼祝贺，一面又表现出无可奈何的态度，这会让人觉得你送礼是极不真诚的。

五、生子馈赠

人生得子，是大事。向他人表示祝贺时应考虑如下礼品。

（1）赠送婴儿衣服、鞋帽或玩具等。

（2）赠送婴儿生肖转运珠。这是种新颖而又有永久纪念意义的礼品，最近几年在我国赠送生肖转运珠比较流行。可根据婴儿的生肖，选送相应的生肖转运珠。如果能在转运珠的背后刻上婴儿的姓名则更佳。

（3）给产妇送一些滋补品。

六、探病馈赠

探望病人所带的礼品要根据对象和病情而定，选择探望病人的礼品，应更多地注重精神效应。探望病人时准确地选择可以相送的礼品很不容易，现将适合各类病人的礼品列举如下，仅供参考。

1. 发烧病人

病人需要清热下火的礼品，一般适宜选各种新鲜水果、水果罐头或果汁等。如果病人处于恢复期，则可选送不油腻的营养食品。

2. 急性肠胃炎病人

不宜送生冷、粗硬、油多、胀气的食物，而应送有收敛、杀菌作用的上等绿茶、果汁及易消化的食物等。

3. 胃病病人

宜送咸味面包、鸡蛋、水果罐头等好消化的食物。

4. 慢性肝炎和肺结核病病人

病人需要各方面的高营养食品，如奶粉、蜂蜜、香蕉、鸡、鱼罐头等。对结核病人还可以送富含钙的排骨和沙丁鱼罐头。

5. 心血管病病人

病人需要大量维生素和无机盐，以送新鲜水果为最佳。

6. 贫血病病人

病人食欲较差，需要补养，可以送芳香味浓的水果，以大枣为最佳。

7. 糖尿病病人

病人平时不能过多食用含糖食品，需要补充微量元素锌，以送鱼罐头最好。

8. 外科手术病人

手术后病人一周内很少能吃东西，送些鲜花再好不过了。

9. 癌症病人

病人心情很压抑，食物对他们不是主要的，如果送束鲜花或其平时喜欢的小饰物、小玩意等会更好。

七、如何赠送果品

人们在探亲访友时，有时要赠送果品，所以果品的选购也是有所讲究的。

探望老人，送上福橘、红杏、大蜜桃，用来祝愿老人吉祥如意、健康长寿。当礼品送到老人面前时，讲明食用这些果品的功效，老人更会欣然接受。

探望病人时，带去时令水果，很是得体，水果维生素含量丰富，而且健康有营养。

春节到亲友家拜年，送上干果礼盒、巧克力礼盒等，吉祥喜庆。

八、子女给父母赠送礼品

已经踏上工作岗位，自己有了固定的经济收入，特别是已经成立小家庭的子女，经常不忘给父母送一些礼品。而父母收到礼物也会很开心，感到子女没有忘记他们的养育之恩，从而感到欣慰。

子女给父母赠送礼品，最容易取得对方的欢心，因为他们能充分了解父母的喜好和心愿。譬如，母亲生日到来之际，已出嫁的女儿送来流行的电子产品，这可以让母亲平时做家务时也能听到喜欢的曲目。再如，已退休的父亲，平时喜爱栽培花木。当偶染疾病时，子女送来他所喜欢的茶花、牡丹花或君子兰，愉快的情绪会促使其病情很快好转，进而痊愈。

作为子女，给父母赠送的礼品，并不在于价格的昂贵，而在于对父母的孝敬之心。比如到外地出差，不要忘记给父母买些当地的土特产；去商场购物，不要忘记给父母买点日用物品，等等。这些东西也许并不贵重，却是子女对父母的一份情意，会使父母感到莫大的欣慰。

九、晚辈如何给长辈赠送礼品

1. 实用性

家庭中晚辈给长辈赠送礼品，首先要注意礼品的实用性，因为有些长辈平时养成了比较节约的习惯，对一些不太急需的东西往往舍不得购买，而当有人送来他喜爱又舍不得买的东西时，会感到无比喜悦和满足。

2. 针对性

晚辈给长辈赠送礼品，还要有针对性。最好能预先了解一下长辈的爱好和需求，然后再去购买。如果弄不清长辈的偏爱，也可直接向其询问，甚至可以请长辈一起去买，切忌盲目送礼。

总之，晚辈给长辈赠送礼品，不在于礼品本身的价格，而在于赠送礼品时的一片诚意。所以，无论赠送什么样的礼品，都会使长辈开心。

十、平辈亲友间如何赠送礼品

在日常生活中，亲友间互相赠送礼品是常有的事情。赠送礼品是人际交往中很重要的一个环节。

1. 赠送礼品要自然

因为有意的矫饰，常会使人感到不自在。送给自己亲友的礼品，应是最易博得对方喜爱的东西，所赠送的礼品要既不俗气又能表达情意。

2. 惯以鲜花、绿植为礼品

当今世界上有不少国家和地区的人们，迎送亲友，都习惯以鲜花、绿植为礼品。因此，给平辈的亲友赠送鲜花、绿植，不失为一种好的方法。因为鲜花是大自然的精华，是人们生活中美好事物的象征。

例如，当老同学结婚时，送上一束并蒂莲，可表示祝愿他们夫妻恩爱；给志同道合的朋友送上一盆万年青，可表示希望与对方的友谊持久长存，等等，这些礼品都会使受礼人感到亲切和喜爱。

十一、长辈如何给晚辈赠送礼品

长辈给晚辈赠送的礼品要针对他们的年龄、性别和不同的兴趣、爱好,包括其德、智、体的发展情况来选择。

送给晚辈的礼品,应以有利于帮助他们的德、智、体全面发展的智力玩具、书籍和学习用品、运动器具等为最佳,例如:可给学龄前的幼儿买些像积木、拼板、游戏棋一类的智力玩具;可给将要念书的晚辈买个书包,或送些铅笔等文具用品;可给已经上学的晚辈,根据其年级的高低和实际需要,买些文具或工具书等。此外,还可以针对孩子的兴趣爱好,买些能促进他们特长发展的礼品。

这些礼品,不仅本身具有积极意义,而且还会赢得孩子的欢心。

十二、夫妻如何相互赠送礼品

人们结婚之后,夫妻双方的心理状态也在不断地发生变化,总会发生这样那样的矛盾。夫妻间时常相互赠送一些小礼品,可使夫妻关系更加和谐。

夫妻间赠送礼品,礼品赠送得是否成功通常并不是由其价格来决定的,而是由赠送礼品时能否使对方感到惊喜而决定的。

譬如遇到结婚纪念日,各自向对方赠送些小礼品,以表示珍惜相互间的感情;配偶过生日了,买一样他(她)平时极想得到的礼品,以示祝贺,等等。这样赠送礼品,一定会使两颗心感到十分融洽、十分温暖。哪怕只是送些微不足道的礼品,也会让对方感到满心欢喜的。

十三、如何给外国人赠送礼品

1. 给美国人赠送礼品

可"以玩代礼",邀请对方参加宴会就可算作赠送礼品。当然也可送葡萄酒或烈性酒,当然,高雅的名牌礼品他们也很喜欢。赠送礼品可在宴会前或结束时,不要在宴会中将礼品拿出来。

2. 给英国人赠送礼品

英国人最不注重赠送礼品,给英国人赠送的礼品不必太贵重,可送些鲜花、小工艺品、巧克力或名酒,赠送礼品的时间一般在晚上。

3. 给法国人赠送礼品

法国人最讨厌初次见面就赠送礼品,一般在第二次见面时才赠送,礼品常是几枝不加捆扎的鲜花,但不可送菊花,因其表示百年衰。

4. 给德国人赠送礼品

德国人喜欢价格适中、典雅别致的礼品,而且包装一定要精美。但只有与其关系密切时,才可赠送礼品,忌讳数字"13"。

5. 给俄罗斯人赠送礼品

给俄罗斯人送礼不必奢华,也不必一本正经,小巧而有新意的纪念品、旅游纪念品都极受欢迎。应邀去俄罗斯人家里聚会,习惯上要送花、糖果或一件纪念品作礼品。

6. 给日本人赠送礼品

送礼是日本人的一大喜好,他们比较注重品牌,喜欢名牌礼物和礼品的包装,也喜欢中国的书法作品。送礼者不要在礼物上刻字作画以留纪念,以便于对方将此礼品在必要时转赠他人。

7. 给阿拉伯人赠送礼品

阿拉伯人喜欢赠送贵重礼品,也希望得到贵重礼品。他们喜欢名牌和多姿多彩的礼品,不喜欢纯实用性的东西。初次见面不能赠送礼品给他们,不能送旧物品和酒。阿拉伯人喜欢中国的木雕和石雕,在颜色方面,则喜欢绿色和蓝色,忌讳红色。给阿拉伯女士送礼应通过其丈夫或父亲转赠。

8. 给拉美人赠送礼品

拉美人喜欢送见面礼。他们认为第一次见面就赠送礼品并不是一件唐突的事情。赠送礼品在很多拉美国家都被认为是正常的事情。

拉美人另一个特点是喜欢有实用价值的礼品。送上一瓶酒、一串项链,甚至一双手套等都会比送一些只有象征意义的礼品更能收到良好的效果。

9. 其他

朝鲜人喜欢鲜花,斯里兰卡人喜欢红茶,澳大利亚人喜欢鲜花与美酒。一般外国人比较喜欢中国的景泰蓝、刺绣等工艺品。

任务二 馈赠的注意事项

馈赠作为社交活动的重要手段之一,受到古今中外人们的普遍肯定。馈赠作为一种非语言的重要交际方式,是以物的形式出现,以物表情,礼载于物,起到寄情言意的"无声胜有声"的作用。得体的馈赠,恰似无声的使者,给社交活动锦上添花,给人们之间的感情和友谊注入新的活力。只有在遵循馈赠注意事项的前提下,才能真正发挥馈赠在社交活动中的重要作用。

一、礼品包装的注意事项

精美的包装不但会极大地提升赠送礼品现场的气氛，活跃赠送礼品的场面，而且会提高礼品本身的价值和纪念意义。精美的包装本身就会凸显礼品赠送人的良好祝愿和细微关切，会增加赠送礼品的效果。除了一些确实难以进行包装的礼品（比如动植物）外，别的要赠送的礼品需尽可能提前进行包装。礼品包装要注意以下四点。

（1）包装礼品前定要把礼品的价格标签取掉，如果很难取掉，则应把价格标签用深色的颜料涂掉。

（2）易碎的礼品定要装在硬质材料的盒子里，如硬纸盒、木盒、金属盒等，然后填充防震材料，如海绵、棉花等，外面再用礼品纸包装。

（3）要注意从颜色、图案等方面着手，选用合适的礼品纸。不应选用纯白、纯黑颜色的包装纸。要注意有些国家和民族的人对不同的颜色和图案有不同的理解。如果用彩带扎花，不能结出"十字"形状，日本人则不喜欢"蝴蝶结"的形状。

（4）如果礼品是托人转交，或者为了保证受礼人知晓送礼人的来源，可以在礼品包装好后，把送礼人的名片放在一个小信封中，粘贴在礼品纸上。

二、公开场合赠送礼品的注意事项

如果是在公共场合，或者人多的场合赠送礼品，礼品的选择要考虑两方面问题。

1. 礼品的数量、发放范围和种类

在人多的场合发放礼品，往往可能会漏掉一些人，因此，要格外小心礼品的数量。宁可多备一些，不可少发。少发，则可能会导致一些尴尬局面的出现。也可双方达成协议，只赠主宾，其他客人的礼品再另选时机进行赠送。

2. 选择合适的礼品

在人多的场合赠送礼品，如果礼品过于贵重，且具有针对个人而送的倾向，则很容易让人产生不解。因此，要避免选择容易引起误解的礼品。

三、上门送礼的注意事项

上门送礼一定要提前约定时间。

上午最好在10—11点，下午最好在4点左右。节假日大家都有睡懒觉的习惯，上午 10 点之前到别人家就显得早了些。上午送完礼后，尽量不要停留到 11 点后，也最好不要在别人家吃午饭。

下午 2—3 点，有人有午休的习惯，所以 4 点左右送礼比较合适，如果主人没有盛情邀请，最好不要留下来吃晚饭。

四、国内送礼的避讳与禁忌

中国普遍有"好事成双"的说法，因而凡是大贺大喜之事，所送之礼，均好双忌单，但广东人、香港人则忌讳"4"这个偶数，因为在粤语中，"4"听起来就像是"死"，是不吉利的。

白色虽有纯洁无瑕之意，但中国人比较忌讳这个颜色，因为在中国，白色常是大悲之色和贫穷之色。同样，黑色也被视为不吉利，是凶灾之色、哀丧之色。而红色，则是喜庆、祥和、欢庆的象征，受到人们的普遍喜爱。

在中国台湾地区的民俗中，丧事后多以毛巾送吊丧者，用意在于让吊丧者与死者断绝来往，所以在非丧事的场合一律不能送毛巾；剪刀是利器，含有"一刀两断"之意，以剪刀相送会使对方有威胁之感；甜果是祭祖拜神专用之物，送人会有不祥之感；扇子是夏季用品，中国台湾地区俗称"送扇无相见"；中国台湾地区的居丧之家习惯不蒸甜食、不裹粽子，如果以粽子相送，会被对方误解。

另外，我国人民还常常讲究给老人不能送钟表，给夫妻或情人不能送梨，因为"送钟"与"送终"，"梨"与"离"谐音，是不吉利的。还有，不能给健康人送药品，不能为异性朋友送贴身用品等。

花语释义

花语大全

花语（Language of Flowers）是指人们用花来表达人的语言，表达人的某种感情与愿望，是在一定的历史条件下逐渐约定形成的，为一定范围人群所公认的信息交流形式。

玫瑰花语

红色玫瑰：热情、热爱着您

粉红色玫瑰：感动、爱的宣言、铭记于心
白色玫瑰：天真、纯洁、尊敬
黄色玫瑰：不贞、嫉妒
橙红色玫瑰：初恋的心情
蓝色玫瑰：清纯的爱、敦厚善良
绿色玫瑰：纯真简朴、青春长驻，我只钟情你一个

鸢尾花语

鸢尾（爱丽斯）：好消息、使者、想念你
德国鸢尾：神圣
小鸢尾：协力抵挡、同心

天堂鸟花语

天堂鸟：潇洒、多情公子

牵牛花花语

牵牛花：爱情、冷静、虚幻有你、我就觉得温馨

百合花语

白色百合：纯洁、庄严、心心相印
黑色百合：诅咒、孤傲
粉色百合：纯洁、可爱
红色百合：永远爱你
黄色百合：早日康复
葵百合：胜利、荣誉、富贵
姬百合：财富、荣誉、清纯、高雅
野百合：永远幸福
狐尾百合：尊贵、欣欣向荣、杰出
玉米百合：执着的爱、勇敢
编笠百合：才能、威严、杰出
圣诞百合：喜洋洋、庆祝、真情
水仙百合：喜悦、期待相逢

蔷薇花语

红色蔷薇：热恋
粉色蔷薇：执子之手，与子偕老

白色蔷薇：纯洁的爱情
黄色蔷薇：永恒的微笑
深红色蔷薇：只想与你在一起
黑色蔷薇：华丽的爱情
野蔷薇：浪漫的爱情，悔过
圣诞蔷薇：追忆的爱情

郁金香花语

红色郁金香：爱的宣言、喜悦、热爱
粉色郁金香：美人、热爱、幸福
黄色郁金香：高贵、珍重、财富
紫色郁金香：无尽的爱、最爱
白色郁金香：纯情、纯洁
双色郁金香：美丽的你、喜相逢
羽毛郁金香：情意绵绵

康乃馨花语

红色康乃馨：相信你的爱
粉红康乃馨：热爱、亮丽
白色康乃馨：吾爱永在、真情、纯洁

水仙花语

中国水仙：多情、想你
西洋水仙：期盼爱情、爱你、纯洁
黄水仙：重温爱情
山水仙：美好时光、欣欣向荣

向日葵花语

向日葵：爱慕、光辉、忠诚

菊花花语

翠菊：追想、可靠的爱情、请相信我
春菊：为爱情占卜
六月菊：别离
冬菊：别离
法国小菊：忍耐

瓜叶菊：快乐
波斯菊：野性美
大波斯菊：少女纯情
万寿菊：友情
矢车菊：纤细、优雅
麦秆菊：永恒的记忆、刻画在心
鳞托菊：永远的爱

风信子花语

风信子：喜悦、爱意、幸福、浓情
白色风信子：恬适
蓝色风信子：恒心、贞操
紫色风信子：悲伤

石竹花语

丁香石竹：大胆、积极
五彩石竹：女性美
香石竹：热心

参 考 文 献

[1] 金正昆．公关礼仪［M］．北京：北京大学出版社，2005．
[2] 何浩然．实用礼仪［M］．合肥：合肥工业大学出版社，2004．
[3] 钟敬文．中国礼仪全书［M］．合肥：安徽科学技术出版社，2004．
[4] 蔡践．礼仪大全［M］．北京：当代世界出版社，2007．
[5] 何伶例．高级商务礼仪指南［M］．北京：企业管理出版社，2003．
[6] 石咏琦．奥运礼仪［M］．北京：北京大学出版社，2006．
[7] 杨瑞杰，邱雨生．现代公共礼仪教程［M］．徐州：中国矿业大学出版社，2005．
[8] 朱燕．现代礼仪学概论［M］．北京：清华大学出版社，2006．
[9] 张文菲．青年礼仪教程［M］．北京：中国商业出版社，2005．
[10] 刘佩华．中外礼仪文化比较［M］．广州：中山大学出版社，2005．
[11] 彭林．中国古代礼仪文明［M］．北京：中华书局，2004．
[12] 李蕙中．跟我学礼仪［M］．北京：中国商业出版社，2005．
[13] 范莹，王子弋，卢隽美．礼仪基础［M］．上海：华东理工大学出版社，2006．
[14] 金波．职业经理商务礼仪培训［M］．北京：高等教育出版社，2004．
[15] 吕维霞，刘彦波．现代商务礼仪［M］．北京：对外经济贸易大学出版社，2003．
[16] 全正昆．国际礼仪［M］．北京：北京大学出版社，2005．
[17] 金正昆．外事礼仪［M］．北京：首都经济贸易大学出版社，2004．
[18] 张希仁．新礼仪精典［M］．西安：三秦出版社，2001．
[19] 首都精神文明建设委员会办公室．文明礼仪普及读本［M］．北京：京华出版社，2006．
[20] 王箕裘．现代交际礼仪［M］．北京：中国财政经济出版社，2004．
[21] 任之．教你学礼仪［M］．北京：当代世界出版社，2003．
[22] 柳建营，熊诗华，张明如．大学礼仪教程［M］．北京：学苑出版社，

2005.
[23] 孙为，郝铭鉴. 中国应用礼仪大全［M］. 上海：上海文化出版社，1991.
[24] 张文菲. 青年礼仪教程［M］. 北京：中国商业出版社，2005.
[25] 向国敏. 现代会议策划与实务［M］. 上海：上海社会科学院出版社，2003.
[26] 冯逢. 实用婚丧喜庆大全［M］. 北京：中国盲文出版社，2002.
[27] 王斌. 政务礼仪大全［M］. 哈尔滨：哈尔滨出版社，2005.
[28] 田晓娜. 礼仪全书［M］. 西宁：青海人民出版社，2002.
[29] 张波. 现代酒店（饭店）星级服务培训标准［M］. 北京：蓝天出版社，2005.
[30] 潘福晶，等. 时尚配饰新概念［M］. 北京：中国林业出版社，2002.
[31] 文泉. 国际商务礼仪［M］. 北京：中国商务出版社，2003.